Ganar en bolsa con bajo riesgo

Desmontando el mito de la relación rentabilidad-riesgo

Versión ampliada 2022

Monografía Invesgrama n°6

Monografías Invesgrama

N°1 Todo sobre los dividendos: conceptos, ventajas, estrategias y resultados
N°2 Mercados bajistas: cómo detectarlos, cuándo vender y cuándo comprar
N°3 En busca del ahorro seguro y rentable: guía para el inversor conservador
N°4 Planes de ahorro anuales: así crece el capital
N°5 La bolsa de Nueva York: las mejores estrategias y los fondos que las aplican
N°6 Ganar en bolsa con bajo riesgo: desmontando el mito de la relación rentabilidad-riesgo

© Carlos Torres Blánquez, 2019, 2022.
www.invesgrama.com
Twitter: @invesgrama

Índice

Primera parte: Menos riesgo es más rentabilidad.......7

1. El mito de la relación rentabilidad-riesgo..........9

2. Cómo elegir acciones de bajo riesgo..........11

    2.1. La calidad..........11
    2.2. El precio..........12
    2.3. La volatilidad..........14

Segunda parte: Invertir con bajo riesgo en bolsa española....17

1. La medida del riesgo..........19

    1.1. Baja volatilidad, alta consistencia..........19
    1.2. Selección de las acciones de baja volatilidad..........19
    1.3. Cómo se ha llevado a cabo este estudio..........22

2. Rentabilidad de los valores del IBEX según su volatilidad.......23

    2.1. Introducción..........23
    2.2. Año 2006..........25
    2.3. Año 2007..........27
    2.4. Año 2008..........29
    2.5. Año 2009..........31
    2.6. Año 2010..........33
    2.7. Año 2011..........35
    2.8. Año 2012..........37
    2.9. Año 2013..........39
    2.10. Año 2014..........41
    2.11. Año 2015..........43
    2.12. Año 2016..........45

2.13. Año 2017..47
2.14. Año 2018..49
2.15. Año 2019..51
2.16. Año 2020..53
2.17. Año 2021..55
2.18. Año 2022 (hasta el 30 de junio)..................................57
2.19. Seguimiento de la cartera 10 Valores Menos Volátiles...59

3. La relación rentabilidad-riesgo al descubierto...........................60

   3.1. Resumen del período 2006-2022..60
   3.2. Rentabilidad trimestral según la volatilidad......................65
   3.3. Frecuencia y estacionalidad de las ventajas.....................67

4. Super rentabilidad: alternar baja y alta volatilidad....................70

   4.1. Un planteamiento teórico para entender mejor la bolsa.....70
   4.2. Estudio de los ciclos...71

5. La relación rentabilidad-riesgo con actualizaciones anuales.....75

   5.1. Introducción...75

   5.2. Los resultados por años, 2006 a 2022................................75

      5.2.1. Resultados 2006-2008..76
      5.2.2. Resultados 2009-2011..77
      5.2.3. Resultados 2012-2014..78
      5.2.4. Resultados 2015-2017..79
      5.2.5. Resultados 2018-2020..80
      5.2.6. Resultados 2021-2022..81

   5.3. Resumen de resultados..82

   5.4. La cartera 10 Valores Menos Volátiles trimestral vs. anual...84

6. Impacto de los impuestos y las comisiones..............................86

   6.1. Introducción..86

   6.2. Composición y número de actualizaciones.......................87

      6.2.1. Composición inicial..88
      6.2.2. La cartera en 2011..88
      6.2.3. La cartera en 2012..89
      6.2.4. La cartera en 2013..89
      6.2.5. La cartera en 2014..90
      6.2.6. La cartera en 2015..91
      6.2.7. La cartera en 2016..91
      6.2.8. La cartera en 2017..92
      6.2.9. La cartera en 2018..93
      6.2.10. Resumen del período 2010-2018.............................93

   6.3. Rentabilidad neta después de impuestos sobre plusvalías. 94

      6.3.1. Rentabilidad neta en 2010...95
      6.3.2. Rentabilidad neta en 2011...97
      6.3.3. Rentabilidad neta en 2012...99
      6.3.4. Rentabilidad neta en 2013.......................................100
      6.3.5. Rentabilidad neta en 2014.......................................102
      6.3.6. Rentabilidad neta en 2015.......................................103
      6.3.7. Rentabilidad neta en 2016.......................................104
      6.3.8. Rentabilidad neta en 2017.......................................105
      6.3.9. Rentabilidad neta en 2018.......................................106
      6.3.10. Resumen del período 2010-2018...........................107

Tercera parte: Bolsa americana, europea e internacional....109

1. Bolsa de Estados Unidos..111

   1.1. El MSCI USA Minimum Volatility................................111
   1.2. El S&P 500 Low Volatility Index...................................113
   1.3. El S&P 500 Low Volatility High Dividend Index...........114

2. Bolsa europea...116

   2.1. El MSCI Europe Minimum Volatility............................116
   2.2. El S&P Europe 350 Low Volatility High Dividend Index...118

3. Bolsa internacional...120

   3.1. El MSCI World Minimum Volatility.............................120
   3.2. El S&P Global 1200 Low Volatility High Dividend Index..122

4. Fondos de inversión indexados a la baja volatilidad...............124

   4.1. Los fondos cotizados..124
   4.2. Ventajas de los fondos cotizados armonizados...............126
   4.3. Fondos seleccionados en esta monografía......................129
   4.4. Fondos de baja volatilidad en bolsa de Estados Unidos..130
   4.5. Fondos de baja volatilidad en bolsa europea..................133
   4.6. Fondos de baja volatilidad en bolsa internacional..........135

Sobre el autor 137

Primera parte: Menos riesgo es más rentabilidad

1. El mito de la relación rentabilidad-riesgo

Sabemos que las acciones son más volátiles, pero más rentables, que los bonos. A partir de aquí se ha extendido la creencia de que las acciones más arriesgadas son más rentables que las acciones más estables. Sin embargo, este razonamiento aparentemente lógico no se ve corroborado por los hechos.

La idea según la cual para obtener más rentabilidad es preciso asumir más riesgos es más bien un argumento comercial para vender productos o fondos de alto riesgo.

Tal como demostraremos en esta monografía, las acciones más seguras acaban siendo las más rentables, lo cual tiene sentido: las empresas más solventes y más rentables son las más seguras y también las que más se revalorizan en bolsa.

En contados años, las acciones más volátiles pueden tener revalorizaciones espectaculares. Pero se trata de excepciones, no de la norma.

Una estrategia que de vez en cuando logra ganancias desorbitadas no es necesariamente válida. La razón es simplemente que este tipo de estrategia tiende a producir también pérdidas abrumadoras, las cuales no pueden ser recuperadas totalmente por ganancias de signo positivo de la misma magnitud. Para recuperar una pérdida del 10% basta ganar un 11% pero para recuperar una pérdida del 50% es necesario ganar un 100%.

En bolsa es muy fácil perder un 50% pero muy difícil ganar un 100%. Por eso en una estrategia de alto riesgo es muy fácil perder y muy difícil recuperar siquiera lo perdido.

En una estrategia de bajo riesgo es muy fácil perder un 10% pero también es muy fácil ganar un 11%. Si preguntáramos qué tipo de estrategia produce los tiempos de recuperación más cortos, incluso los inversores más tolerantes al riesgo cambiarían su enfoque.

Apostar por valores de alto riesgo tiene un peligro adicional inducido por la propia estrategia: quien incurre en grandes pérdidas tiende a subir la apuesta por el riesgo, una decisión que suele ser fatal, pues en vez de ayudar a recuperar las pérdidas genera otras mayores todavía. La razón, como veremos, es que la probabilidad de ganar con las acciones más volátiles es muy inferior a la de ganar con las acciones más seguras.

2. Cómo elegir acciones de bajo riesgo

Podemos seleccionar acciones de bajo riesgo relativo en base a tres criterios: la calidad, el precio o la volatilidad. A continuación veremos las ventajas e inconvenientes de cada una de ellos.

2.1. La calidad

Seleccionar acciones de calidad implica basarse en ratios financieros, en particular los de solvencia y rentabilidad corporativa. Ejemplos de ratios de solvencia son los que relacionan la deuda financiera o los gastos financieros con el beneficio operativo. Ejemplos de ratios de rentabilidad corporativa son la rentabilidad sobre recursos propios (ROE por sus siglas en inglés) o la rentabilidad sobre el capital empleado (ROCE).

La gran ventaja de seleccionar acciones de calidad es que es la mejor forma de asegurarse de que la totalidad de nuestra cartera de valores esté compuesta por empresas que tienden a superar la rentabilidad del mercado a largo plazo, ya que las empresas solventes y rentables suelen hacerlo mejor que la media.

Un inconveniente importante es que la calidad no tiene solo un componente cuantitativo sino también cualitativo, el cual requiere de un análisis más profundo. Una compañía puede presentar buenos ratios financieros pero carecer de una estrategia sostenible, ser incapaz de crecer de forma orgánica (en vez de crecer únicamente a base de adquirir empresas rivales), estar demasiado enfocada en la consecución de objetivos a corto plazo, llevar a cabo prácticas que puedan dar lugar a cuantiosas sanciones o demandas judiciales, etc. No todos los inversores disponen de los conocimientos ni del tiempo necesario que implica examinar con detalle los informes anuales y los informes de gestión, documentos en los que podemos encontrar los datos y las pistas necesarias para hacer un análisis más completo, y que no se encuentran en las simples presentaciones de resultados.

Otro inconveniente destacable de la inversión basada en la calidad es que en determinados años puede dar lugar a una cartera de alto riesgo. Por ejemplo, en 2018 una cartera con las mejores acciones del mercado europeo habría estado compuesta en gran parte por empresas de marcada vocación exportadora. Precisamente estas compañías resultaron ser las más vulnerables en el contexto de la guerra comercial entre Estados Unidos y China, promovida por el presidente Donald Trump. En 2019, estas mismas compañías se recuperaron con gran rapidez, lo que indica que la calidad es una buena estrategia a largo plazo, pero no necesariamente a corto plazo.

Entre 2015 y 2018 calculé la rentabilidad de una cartera denominada IBEX Calidad, formada por las empresas no financieras cuya rentabilidad sobre el capital empleado (ROCE) recurrente supera en al menos un 4% el coste de su deuda financiera. Era un único criterio, pero muy relevante, ya que indicaba si una empresa genera una rentabilidad suficiente y sostenible. Aunque no se establecía un filtro de solvencia, todas las empresas de la cartera eran solventes, aunque no todas las empresas solventes figuraban en la misma.

Esta cartera dio las siguientes rentabilidades anuales: 16,23% en 2015, 2,65% en 2016, 6,79% en 2017 y -12,31% en 2018. Batió al IBEX 35 con dividendos, cuyas rentabilidades fueron de -3,55% en 2015, 2,60% en 2016, 11,25% en 2017 y -11,51% en 2018. Sin embargo, vemos que en 2018 no pudo evitar caer tanto como el índice.

2.2. El precio

La segunda alternativa para invertir con bajo riesgo es comprar acciones baratas porque estas tienen menor potencial de caída. Al evitar los títulos más sobrevalorados se evita también el riesgo de sufrir fuertes correcciones.

Cuando en bolsa se habla de comprar barato, no nos referimos al precio en sí mismo sino al precio relativo. Por ejemplo, si las acciones A valen 2 € y las acciones B valen 80 €, un inversor no puede saber cuáles de las dos están más baratas hasta que no conozca más datos. Por hacer una comparación, está claro que un piso de 300.000 € es el doble caro que otro de 150.000 €. Pero desde el punto de vista del inversor, lo relevante es el precio relativo. Supongamos que del primer piso es posible obtener una renta de alquiler del 8% anual y del segundo un 4% anual. Para el inversor, ¡el primero será la mitad de barato que el segundo a pesar de costar el doble! La cuestión es que si dispone de 900.000 € para invertir, le saldrá mucho más a cuenta comprar tres pisos de 300.000 € que le rentan un 8% anual que comprar seis de 150.000 €, que solo le rentarán un 4% anual.

Los criterios de selección de acciones basados en la infravaloración se conocen como criterios de valor o criterios *value*.

En bolsa el criterio de valor más utilizado para evaluar el precio relativo, y por tanto el grado de infravaloración, de las acciones es el ratio PER (*Price-Earnings Ratio*), que relaciona el precio con el beneficio por acción. El beneficio por acción es el beneficio neto atribuido a los accionistas de la empresa dividido por el número de acciones del capital social de esta. Las acciones con ratios PER muy altos se consideran, en general, sobrevaloradas. Esta circunstancia suele ser consecuencia de expectativas muy optimistas, y en bolsa una mínima decepción en este sentido puede tener efectos bastante demoledores, al menos a corto plazo. Pero las acciones baratas según el ratio PER no necesariamente están protegidas por el hecho de estar infravaloradas en un momento dado, pues las expectativas pueden cambiar súbitamente y lo que antes parecía barato puede pasar a considerarse caro. Aún así, en una cartera diversificada, la presencia de "acciones infravaloradas que súbitamente dejan de estarlo" es un riesgo asumible porque en general las acciones infravaloradas tienden a hacerlo mejor que el mercado.

Entre marzo de 2006 y agosto de 2022, una cartera compuesta por las cinco acciones no financieras del IBEX 35 (o sea, sin bancos ni Mapfre) más baratas según el ratio PER ganó una media del 5,60% anual, frente al 2,27% anual del IBEX 35 con dividendos. Sin embargo, en 2020 esta cartera perdió un 29,86%, frente al 12,70% del índice.

Por otro lado, las carteras basadas en criterios de valor tienen un comportamiento bastante cíclico, en el sentido de que pueden hacerlo mejor que el mercado durante un largo tiempo pero también pueden hacerlo peor durante plazos prolongados. Por ejemplo, la cartera antes mencionada lo hizo muy bien entre 2011 y 2018 pero en 2019 y 2020 se comportó mucho peor que el mercado.

Vemos algo similar con los fondos de inversión denominados *value*, es decir que siguen criterios de valor para seleccionar acciones: tienden a obtener muy buenos resultados en determinados períodos pero muy negativos en otros.

2.3. La volatilidad

Este es el criterio que examinaremos en esta monografía, tanto en lo que se refiere a la bolsa española a través de un estudio propio basado en las acciones del IBEX 35, como a la americana, la europea y la internacional a través de los índices calculados por firmas como MSCI y S&P Dow Jones Indices.

En este caso, las acciones se seleccionan en función del riesgo percibido por el mercado y no en función de la calidad intrínseca ni del grado de infravaloración.

El inconveniente, a priori, es que no tomamos decisiones fundadas en criterios objetivos sino en base a una percepción del mercado. Sin embargo, no se trata de una percepción subjetiva. La baja volatilidad actúa como una señal de que el conjunto de los inversores considera esas acciones como seguras o de baja incertidumbre.

Si tenemos mucha confianza en unas acciones y vemos que fluctúan mucho en bolsa, e indagamos en las razones de esta variabilidad, seguramente descubriremos cosas que no sabíamos acerca de la situación o perspectivas de la empresa en cuestión. Si se trata, por ejemplo, de una compañía con aparentes buenos ratios financieros pero que lleva a cabo prácticas contables poco ortodoxas, tal vez no seremos capaces de percatarnos de ello examinando sus cuentas pero habrá inversores bien informados que sí estarán al corriente de tales prácticas, lo cual quedará reflejado en las fluctuaciones del precio.

El libro *Cien mejor que uno*, del periodista financiero James Surowiecki, tiene el siguiente sugerente subtítulo: *La sabiduría de la multitud o por qué la mayoría siempre es más inteligente que la minoría*. La idea que defiende, y demuestra con numerosos ejemplos, es que las personas, aunque de forma individual no tengan la información más completa y exhaustiva acerca de una problema o situación, toman decisiones colectivas mucho mejores que minorías formadas por expertos.

La volatilidad de las acciones es producto de esta sabiduría colectiva. Veremos cómo la baja volatilidad se correlaciona de forma muy directa con la rentabilidad, lo que viene a corroborar las conclusiones del mencionado libro.

La principal ventaja de la selección basada en la baja volatilidad es que produce resultados más consistentes a corto plazo para un inversor orientado al bajo riesgo que la selección basada en la calidad o el precio. Es un aspecto importante porque, hemos de reconocerlo, el inversor con aversión al riesgo es un inversor más orientado al corto que al largo plazo, precisamente porque quiere estabilidad. En otras palabras, está dispuesto a sacrificar rentabilidad a largo plazo a cambio de una mayor seguridad a corto plazo.

La buena noticia es que se trata de una estrategia notablemente rentable a largo plazo, como veremos en la segunda parte cuando examinemos la relación entre volatilidad y rentabilidad en las acciones del IBEX 35 en el período de enero de 2006 a junio de 2022. Se trata de un plazo de 16 años y medio, de modo que los resultados pueden considerarse significativos.

Segunda parte: Invertir con bajo riesgo en bolsa española

1. La medida del riesgo

1.1. Baja volatilidad, alta consistencia

Conviene abandonar la noción preconcebida acerca de la relación directa entre riesgo y rentabilidad cuando nos referimos a la bolsa.

Antes he comentado que las acciones de mayor riesgo pueden tener años espectaculares. En el período de 16 años completos cubierto en esta monografía, eso ocurrió en cuatro años (2006, 2009, 2013 y 2016). Sin embargo, ese grupo de acciones tuvo diez años negativos.

En cambio, las diez acciones menos volátiles batieron al índice en doce años. Es una tasa de éxito del 75%. En tres años, la desventaja fue como mucho del 3% y en solo un año fue significativa (en 2009 el grupo ganó un 16,09% frente al 38,28% del IBEX 35). Por otro lado, los únicos años con rentabilidades negativas fueron 2008, 2010, 2016 y 2020 y en los tres últimos fueron inferiores al 7%. La mayor pérdida anual tuvo lugar en 2008 (-25,39%) pero en ese año el IBEX 35 se dejó un 36,5%.

Se trata, por tanto, de una de las estrategias que produce resultados más consistentes.

1.2. Selección de las acciones de baja volatilidad

Para evaluar la volatilidad de unas acciones, se suele utilizar la desviación típica o estándar, que es una medida de tipo estadístico.

Por ejemplo, imaginemos que en un trimestre ha habido 65 sesiones bursátiles y que queremos calcular la desviación típica de las acciones de Endesa en ese trimestre. Primero calcularíamos las variaciones del precio en cada una de las 65 sesiones. Luego calcularíamos la variación media (sumaríamos las 65 variaciones y dividiríamos por 65).

En tercer lugar haríamos la diferencia entre cada variación diaria y dicha media. A continuación elevaríamos al cuadrado cada una de esas 65 diferencias, con objeto de obtener únicamente valores positivos. Finalmente sumaríamos las 65 diferencias elevadas al cuadrado y dividiríamos de nuevo por 65. El valor resultante sería la desviación estándar o volatilidad de las acciones de Endesa en ese trimestre.

La medida de la volatilidad más utilizada en bolsa es el coeficiente beta. Se trata de la desviación típica de una acción comparada con la desviación típica del índice al cual pertenece. Lo que mide es el grado de variabilidad de unas acciones determinadas en relación con la referencia del mercado. La mayoría de acciones tienen una beta mayor que 1, lo que significa que varían más que el índice. Unas acciones con una beta de 1,22, por ejemplo, son más volátiles que el propio índice y que otras acciones con una beta de 1,14. En cambio, unas acciones con una beta de 0,95 son menos volátiles que el índice pero más que otras acciones con una beta de 0,92.

En mi estudio he preferido utilizar una medida alternativa porque me ha parecido que refleja mejor la percepción interna que pueden tener los inversores de la variabilidad de unas acciones. Siguiendo con el ejemplo anterior, mi procedimiento habría sido calcular las variaciones del precio en cada una de las 65 sesiones bursátiles, a continuación convertir todas las variaciones en valor absoluto para obtener solo datos positivos y finalmente dividir la suma de todas esas variaciones por 65 con objeto de obtener la variación media en valor absoluto de las acciones de Endesa para ese trimestre.

He seguido el mismo método para cada acción que formaba parte del IBEX 35 al principio de cada trimestre iniciado en enero, abril, julio y octubre. De esta forma he obtenido la volatilidad trimestral para cada acción en un total de 36 trimestres.

En la página siguiente hay un ejemplo de cálculo de la volatilidad trimestral de un valor, concretamente de Gas Natural en el primer trimestre de 2010.

Fecha	Precio Gas Natural	Variación diaria del precio efectiva	Variación diaria del precio en positivo	Fecha	Precio Gas Natural	Variación diaria del precio efectiva	Variación diaria del precio en positivo
30-dic.-2009	15,085			16-feb-2010	13,195	-0,68%	0,68%
04-ene.-2010	15,425	2,25%	2,25%	17-feb-2010	13,255	0,45%	0,45%
05-ene.-2010	15,6	1,13%	1,13%	18-feb-2010	13,41	1,17%	1,17%
06-ene.-2010	15,525	-0,48%	0,48%	19-feb-2010	13,62	1,57%	1,57%
07-ene.-2010	15,52	-0,03%	0,03%	22-feb-2010	13,67	0,37%	0,37%
08-ene.-2010	15,11	-2,64%	2,64%	23-feb-2010	13,49	-1,32%	1,32%
11-ene.-2010	14,95	-1,06%	1,06%	24-feb-2010	13,38	-0,82%	0,82%
12-ene.-2010	15,11	1,07%	1,07%	25-feb-2010	13,15	-1,72%	1,72%
13-ene.-2010	14,995	-0,76%	0,76%	26-feb-2010	13,47	2,43%	2,43%
14-ene.-2010	14,915	-0,53%	0,53%	01-mar-2010	13,595	0,93%	0,93%
15-ene.-2010	14,875	-0,27%	0,27%	02-mar-2010	13,625	0,22%	0,22%
18-ene.-2010	14,725	-1,01%	1,01%	03-mar-2010	13,845	1,61%	1,61%
19-ene.-2010	15,04	2,14%	2,14%	04-mar-2010	13,995	1,08%	1,08%
20-ene.-2010	14,7	-2,26%	2,26%	05-mar-2010	14,11	0,82%	0,82%
21-ene.-2010	14,58	-0,82%	0,82%	08-mar-2010	14,08	-0,21%	0,21%
22-ene.-2010	14,505	-0,51%	0,51%	09-mar-2010	14,005	-0,53%	0,53%
25-ene.-2010	14,385	-0,83%	0,83%	10-mar-2010	13,99	-0,11%	0,11%
26-ene.-2010	14,45	0,45%	0,45%	11-mar-2010	13,965	-0,18%	0,18%
27-ene.-2010	14,59	0,97%	0,97%	12-mar-2010	13,985	0,14%	0,14%
28-ene.-2010	14,5	-0,62%	0,62%	15-mar-2010	13,9	-0,61%	0,61%
29-ene.-2010	14,415	-0,59%	0,59%	16-mar-2010	14	0,72%	0,72%
01-feb-2010	14,425	0,07%	0,07%	17-mar-2010	14,1	0,71%	0,71%
02-feb-2010	14,5	0,52%	0,52%	18-mar-2010	14,015	-0,60%	0,60%
03-feb-2010	14,19	-2,14%	2,14%	19-mar-2010	13,975	-0,29%	0,29%
04-feb-2010	13,56	-4,44%	4,44%	22-mar-2010	13,88	-0,68%	0,68%
05-feb-2010	13,36	-1,47%	1,47%	23-mar-2010	13,99	0,79%	0,79%
08-feb-2010	13,32	-0,30%	0,30%	24-mar-2010	13,765	-1,61%	1,61%
09-feb-2010	13,19	-0,98%	0,98%	25-mar-2010	13,95	1,34%	1,34%
10-feb-2010	13,35	1,21%	1,21%	26-mar-2010	13,9	-0,36%	0,36%
11-feb-2010	13,07	-2,10%	2,10%	29-mar-2010	13,98	0,58%	0,58%
12-feb-2010	13,135	0,50%	0,50%	30-mar-2010	13,885	-0,68%	0,68%
15-feb-2010	13,285	1,14%	1,14%	31-mar-2010	13,67	-1,55%	1,55%
Media de las variaciones en valor absoluto de Gas Natural en el primer trimestre de 2010							0,987%

La tabla recoge la cotización diaria de Gas Natural en el primer trimestre de 2010, las variaciones diarias efectivas y en valor absoluto (es decir, positivo). La volatilidad asignada a las acciones de Gas Natural en ese trimestre es la media de las variaciones diarias en valor absoluto, que fue del 0,987%.

1.3. Cómo se ha llevado a cabo este estudio

A partir de los datos obtenidos de la forma antes descrita, he ordenado las acciones de menos a más volátil a lo largo del cada uno de los 66 trimestres del período considerado. El primer trimestre para el cual se han ordenado los valores según su volatilidad ha sido el cuarto de 2005, ya que la decisión de invertir en enero de 2006 se habría tomado en función de la volatilidad del trimestre anterior.

A continuación he calculado la rentabilidad, con dividendos y derechos incluidos, de cada una de las acciones en cada trimestre. En este caso, los trimestres considerados han sido desde el primero de 2006 hasta el segundo de 2022.

Luego he ordenado alfabéticamente las tablas de volatilidad y las tablas de rentabilidad. De este modo, para cada trimestre, y para cada una de las 35 acciones del IBEX, he relacionado la volatilidad del trimestre anterior con la rentabilidad en el trimestre corriente. Por ejemplo, la tabla del primer trimestre de 2010 contenía el nombre de la acción, su volatilidad en el cuarto trimestre de 2009 y su rentabilidad en el primer trimestre de 2010. Finalmente, he vuelto a ordenar las tablas con los valores de menos a más volátil.

A partir de aquí, he calculado la rentabilidad media de las diez acciones menos volátiles, la de las quince con volatilidad media y la de las diez acciones más volátiles.

Con frecuencia me referiré al primer grupo como la **cartera 10 Valores Menos Volátiles**. También he calculado la rentabilidad media de los diez valores menos volátiles descartando acciones del sector financiero, es decir Mapfre y bancos (**cartera 10 Valores Menos Volátiles sin acciones financieras**).

Los siguientes capítulos 2, 3 y 4 están dedicados a analizar la relación entre volatilidad y rentabilidad con actualizaciones trimestrales, mientras que el capítulo 5 estudia la misma relación con actualizaciones anuales.

2. Rentabilidad de los valores del IBEX según su volatilidad

2.1. Introducción

En las páginas siguientes se relaciona la volatilidad de los valores del IBEX 35 con su rentabilidad trimestral, para cada trimestre entre 2006 y junio de 2022, o sea para un total de 66 trimestres.

En cada tabla, los valores están ordenados de menos a más volátil en el trimestre anterior. Por ejemplo, en el primer trimestre de 2006 los valores se ordenan según la volatilidad que tuvieron en el cuarto trimestre de 2005. En el segundo trimestre de 2006, se considera la volatilidad del primer trimestre de 2006 y así sucesivamente.

Los diez valores menos volátiles de cada trimestre forman la cartera "10 Valores Menos Volátiles" y han sido resaltados en gris.

Al final de cada tabla, se indica la rentabilidad de dicha cartera, la del grupo de valores con volatilidad media y la del grupo de diez valores más volátiles.

También se incluye la rentabilidad de la cartera 10 Valores Menos Volátiles sin acciones financieras (es decir, sin bancos ni la aseguradora Mapfre).

El grupo intermedio suele estar compuesto por unos quince integrantes, pero a veces por trece, catorce o dieciséis porque en determinadas ocasiones el IBEX 35 ha tenido 34 o 36 componentes, y porque se han excluído los valores que fueron objeto de una OPA (Oferta Pública de Adquisición). A partir del momento de la OPA, la cotización tiende a fluctuar en torno al precio ofertado, de modo que dichas fluctuaciones no son representativas en términos de volatilidad.

Las rentabilidades indicadas incluyen dividendos y otras remuneraciones, como derechos de suscripción derivados de ampliaciones de capital liberadas o con prima de emisión.

En cada comentario anual indico si el año fue alcista o bajista para poner en contexto la evolución de las acciones según el momento del ciclo. En general, se observa que en los ciclos bajistas los valores menos volátiles lo hacen mejor que la media del mercado y mucho mejor que los valores más volátiles. En cambio, en los ciclos alcistas, los valores más volátiles pueden hacerlo, en algunos trimestres en particular, mucho mejor que la media del mercado, mientras que las acciones de menor riesgo relativo suelen comportarse como la media del mercado, aunque en ocasiones pueden quedarse muy rezagadas.

A continuación se comentan los resultados de 2006 a 2022 a razón de dos páginas por año (en 2022 hasta el 30 de junio). Seguidamente se hace un resumen para el conjunto del período en el que se presentan conclusiones generales sobre la relación entre la volatilidad y la rentabilidad (capítulo 3), así como sobre el comportamiento estacional de los valores más y menos volátiles (capítulo 4).

En el quinto capítulo se examinan los resultados de la cartera 10 Valores Menos Volátiles (con y sin acciones financieras) con actualizaciones anuales en vez de trimestrales.

2.2. Año 2006

2006 fue el cuarto año consecutivo de fuertes ganancias (superiores al 20%) para la bolsa española desde 2003, y el más brillante de los cuatro.

En cada trimestre hubo entre tres y cuatro bancos en la cartera 10 Valores Menos Volátiles. El sector financiero estuvo, por tanto, sobreponderado respecto al peso que tenía en el IBEX 35, que era del 20%.

[Tabla: Datos trimestrales de 2006 - Volatilidad y Rentabilidad de valores del IBEX 35]

En el segundo y tercer trimestres de 2006 no se ha tenido en cuenta a Telefónica Móviles ni a TPI. En el primer caso, debido a que Telefónica había decidido sacar a su filial de bolsa en marzo. En el segundo, debido a la OPA de Yell sobre la compañía en abril. En el cuarto trimestre no se ha considerado la inmobiliaria Fadesa debido a la OPA de Martinsa en septiembre.

Los valores menos volátiles consiguieron una rentabilidad (36,66%) similar a la del índice (36,04%), lo cual no es habitual en años tan alcistas, que no suelen ser muy favorables para las acciones de menor riesgo.

Los valores menos volátiles sin acciones financieras ganaron un porcentaje parecido (36,81%), a pesar de que su composición fue bastante diferente a la del primer grupo, al haber incluido tres o cuatro bancos en cada trimestre.

Los acciones más volátiles resultaron ser las claras ganadoras, con una rentabilidad media del 54,27%.

Recordemos que en todos los casos la rentabilidad incluye dividendos y otras remuneraciones pagadas a los accionistas.

Indice / Selección	2006
IBEX 35	36,04%
IBEX Media 35	39,00%
10 menos volátiles	36,66%
10 menos volátiles no financieros	36,81%
15 volatilidad media	33,24%
10 más volátiles	54,27%

2.3. Año 2007

Este fue el último año del ciclo alcista iniciado a principios de 2003. El IBEX tuvo tres correcciones, de entre un 5% y un 12%, hasta el mes de septiembre, lo que hacía presagiar una caída posterior de mayor calibre. Dichos retrocesos estuvieron causados por las quiebras de empresas significativas del sector inmobiliario en Estados Unidos, provocadas por la caída de los precios de la vivienda. La incipiente crisis inmobiliaria, a su vez estaba provocando inestabilidad en el sector financiero internacional por la gran cantidad de hipotecas y préstamos a empresas inmobiliarias concedidos en los últimos años, por no hablar de los fondos de inversión que se habían apalancado en activos inmobiliarios.

En el primer trimestre no se ha considerado Fadesa por el motivo dado en el apartado anterior. En el tercer y cuarto trimestres no se ha tenido en cuenta Altadis por la OPA de Imperial Tobacco en el mes de marzo.

Los bancos tuvieron dos o cuatro representantes entre los valores menos volátiles en cada trimestre. En las tablas puede apreciarse que su contribución fue negativa.

El índice alcanzó su máximo histórico el día 8 de noviembre, en 15.945,7 puntos. Cerró el año a un nivel cercano, en los 15.182,30 puntos. Fue el quinto ejercicio positivo para la bolsa española desde 2003. En ese quinquenio, el IBEX 35 se revalorizó un 151% sin dividendos y un 194% con dividendos. La rentabilidad media fue del 24,08% anual.

La ganancia del IBEX 35 en 2007 fue del 10,71% pero la rentabilidad media de los 35 valores fue, de hecho, negativa en un 0,41%. Esta diferencia se debe al mejor comportamiento relativo de los valores que más ponderaban en el índice.

La cartera de valores menos volátiles ganó un 9,23%, de modo que a pesar de quedar por debajo del índice, batió a la media del mercado. Ese año, la cartera sin acciones financieras sí que lo hizo mucho mejor que la anterior, al obtener un 19,13%.

Indice / Selección	2007
IBEX 35	10,71%
IBEX Media 35	-0,41%
10 menos volátiles	9,23%
10 menos volátiles no financieros	19,13%
15 volatilidad media	-5,76%
10 más volátiles	-3,70%

2.4. Año 2008

En 2008, cada trimestre fue negativo. A lo largo de todo el año, se asistió a un deterioro progresivo y cada vez más alarmante del sistema financiero internacional, a causa del estallido de la burbuja inmobiliaria en Estados Unidos, pero sobre todo por el desplome de los activos financieros invertidos en hipotecas de baja calidad crediticia (hipotecas *subprime*). En tres de los cuatro trimestres, los valores menos volátiles lo hicieron mejor que el mercado. En cambio, los más volátiles lo hicieron peor en cada uno de los trimestres.

2008 - Primer trimestre			2008 - Segundo trimestre			2008 - Tercer trimestre			2008 - Cuarto trimestre		
Valor	Volatilidad	Rentabilidad	Valor	Volatilidad	Rentabilidad	Valor	Volatilidad	Rentabilidad	Valor	Volatilidad	Rentabilidad
IBERDROLA	0,79%	-4,47%	UNION FENOSA	1,38%	13,04%	INDRA	0,84%	4,60%	REE	1,12%	0,42%
SABADELL	0,84%	6,21%	SABADELL	1,48%	20,58%	UNION FENOSA	0,94%	42,41%	ENAGÁS	1,21%	2,37%
POPULAR	0,87%	-0,66%	ENDESA	1,53%	-6,86%	ENAGÁS	0,99%	-13,57%	TELEFÓNICA	1,35%	-2,52%
SANTANDER	0,87%	13,84%	ENAGÁS	1,55%	4,91%	ENDESA	0,99%	-13,54%	GRIFOLS	1,51%	31,61%
ABERTIS	0,90%	6,35%	ABERTIS	1,58%	20,71%	SABADELL	1,06%	2,98%	REPSOL	1,60%	-27,75%
BBVA	0,92%	-15,86%	ACERINOX	1,58%	-16,12%	TELEFÓNICA	1,12%	0,53%	ENDESA	1,74%	11,20%
REPSOL	0,95%	4,23%	TELEFÓNICA	1,59%	-5,05%	REPSOL	1,14%	-14,56%	SABADELL	1,76%	-9,54%
ENDESA	0,98%	-7,24%	INDRA	1,63%	9,43%	BBVA	1,15%	-4,46%	INDRA	1,77%	-3,52%
UNION FENOSA	0,99%	-6,52%	TELECINCO	1,65%	-26,35%	BANESTO	1,16%	1,71%	ACERINOX	1,84%	-4,68%
INDRA	1,06%	-1,83%	REE	1,67%	6,63%	REE	1,17%	-11,61%	CRITERIA	1,90%	-14,54%
TELEFÓNICA	1,08%	18,09%	BBVA	1,80%	-10,77%	SANTANDER	1,19%	-8,87%	GAS NATURAL	1,99%	26,04%
GAS NATURAL	1,13%	1,02%	SANTANDER	1,89%	-5,29%	ABERTIS	1,27%	-4,29%	BANESTO	2,00%	-13,56%
REE	1,16%	9,42%	BANESTO	1,90%	-19,55%	CRITERIA	1,28%	-10,24%	SANTANDER	2,07%	-30,05%
ENAGÁS	1,16%	4,10%	GAS NATURAL	1,94%	-5,46%	GAS NATURAL	1,29%	-27,67%	BBVA	2,07%	-22,98%
MAPFRE	1,20%	5,80%	TECNICAS	1,96%	10,36%	ACS	1,32%	7,65%	ACS	3,08%	14,68%
TELECINCO	1,24%	26,58%	REPSOL	1,97%	14,50%	GRIFOLS	1,33%	-11,29%	ABERTIS	2,09%	6,66%
ACS	1,31%	5,42%	POPULAR	1,97%	-22,49%	ACERINOX	1,37%	-15,12%	IBERDROLA RENOV	2,11%	-0,33%
BANESTO	1,34%	-8,79%	ACS	1,99%	11,53%	IBERDROLA	1,40%	-14,27%	MAPFRE	2,18%	-19,52%
BME	1,35%	-11,55%	GRIFOLS	2,00%	22,74%	MAPFRE	1,42%	0,99%	FCC	2,19%	-26,45%
ACERINOX	1,37%	4,93%	CINTRA	2,11%	-23,02%	IBERDROLA RENOV	1,45%	-37,80%	OHL	2,34%	-20,51%
FCC	1,40%	16,79%	MAPFRE	2,11%	2,20%	ABENGOA A	1,45%	-27,64%	IBERDROLA	2,38%	-6,58%
INDITEX	1,44%	16,25%	CRITERIA	2,13%	11,05%	INDITEX	1,48%	5,00%	TELECINCO	2,41%	3,15%
IBERIA	1,47%	-8,00%	IBERDROLA	2,17%	13,14%	BANKINTER	1,53%	22,11%	GAMESA	2,43%	-46,96%
CINTRA	1,49%	9,29%	FCC	2,17%	-9,50%	FCC	1,56%	13,14%	INDITEX	2,50%	5,32%
GRIFOLS	1,50%	8,19%	ACCIONA	2,36%	-11,08%	OHL	1,60%	-41,96%	ACCIONA	2,51%	-16,27%
SOGECABLE	1,54%	1,01%	INDITEX	2,36%	16,85%	POPULAR	1,62%	-4,27%	ABENGOA A	2,55%	-16,90%
GAMESA	1,80%	9,63%	ABENGOA A	2,38%	12,32%	CINTRA	1,62%	15,87%	BME	2,57%	2,00%
FERROVIAL	1,88%	4,41%	FERROVIAL	2,48%	-12,85%	GAMESA	1,72%	-23,06%	BANKINTER	2,64%	-27,13%
ACCIONA	1,90%	21,15%	IBERIA	2,55%	-38,77%	TECNICAS	1,86%	-42,90%	TECNICAS	2,69%	-38,10%
SACYR	1,95%	-16,71%	BANKINTER	2,55%	-27,28%	ACCIONA	1,91%	-28,00%	POPULAR	2,79%	-25,09%
BANKINTER	2,05%	-19,32%	GAMESA	2,67%	9,82%	BME	1,97%	-23,75%	CINTRA	2,86%	-22,24%
ABENGOA A	2,22%	-6,33%	BME	2,78%	-18,40%	TELECINCO	2,19%	-11,58%	FERROVIAL	3,19%	-37,66%
COLONIAL	2,28%	50,30%	IBERDROLA RENOV	2,81%	11,36%	FERROVIAL	2,14%	-18,01%	SACYR	3,32%	-37,10%
AGBAR	NR	12,39%	SACYR	2,95%	10,95%	IBERIA	2,20%	12,50%	IBERIA	3,44%	-19,79%
ALTADIS	NR	NR	SOGECABLE	NR	-0,18%	SACYR	2,22%	-39,61%	UNION FENOSA	NR	NR
IBEX 35	0,67%	-11,95%	IBEX 35	1,60%	-8,05%	IBEX 35	1,00%	-7,57%	IBEX 35	1,67%	-15,05%
IBEX Medio 35	1,35%	-10,00%	IBEX Medio 35	2,00%	-9,69%	IBEX Medio 35	1,45%	-18,38%	IBEX Medio 35	1,93%	-13,91%
10 menos volátiles	0,89%	-7,13%	10 menos volátiles	1,56%	-11,70%	10 menos volátiles	1,05%	-6,65%	10 menos volátiles	1,58%	-8,43%
10 menos volátiles no financieros		-6,73%	10 menos volátiles no financieros		-10,19%	10 menos volátiles no financieros		-5,29%	10 menos volátiles no financieros		-10,08%
13 volatilidad media	1,21%	-10,72%	14 volatilidad media	1,97%	-6,21%	14 volatilidad media	1,34%	-10,84%	14 volatilidad media	2,14%	-13,86%
10 más volátiles	1,90%	-12,77%	10 más volátiles	2,61%	-12,82%	10 más volátiles	1,95%	-16,93%	10 más volátiles	2,89%	-21,29%

En el primer trimestre no se ha considerado Agbar por la OPA de Criteria y Suez en abril, ni Altadis por el motivo indicado en el apartado anterior. En el tercero, no se ha incluído Sogecable por la OPA de Prisa en diciembre de 2017. En el cuarto se ha descartado a Unión Fenosa porque en julio Gas Natural acordó comprar a ACS su 45,3% en la eléctrica, pactando un precio de 18,33 €, y obligándose a lanzar una OPA por la parte del capital que no controlara.

La cartera 10 Valores Menos Volátiles tuvo una pérdida significativa del 25,39%, pero considerablemente menor a la del índice, que fue del 36,50%. La diferencia es mayor de lo que parece: un inversor con 1.000 € al principio de 2008 se habría quedado con 746,1 € al final del año si hubiese invertido en dicha cartera, un 17,5% más que los 635 € que habría tenido si hubiese invertido en el IBEX 35.

Curiosamente, la cartera de diez valores menos volátiles no financieros perdió más (28,66%) que la cartera de referencia, a pesar de la crisis financiera. Esto se debe sobre todo a un hecho algo fortuito: la exclusión de los bancos hubiera hecho entrar a Gas Natural en el tercer y cuarto trimestres, y en cada uno de ellos la gasista se dejó más de un 25%, debido al alto precio pagado por Unión Fenosa.

El grupo de valores más volátiles perdió mucho más que la media del mercado, un 50,03%. Se observa que en un año muy alcista como 2006, este grupo lo hizo mucho mejor que el mercado, mientras que en un año muy bajista como 2008 ocurrió lo contrario.

Al final de 2008, 100 € invertidos en diciembre de 2005 habrían valido 95,65 € si se hubieran invertido en el IBEX 35, 111,37 € si cada año se hubieran adquirido los diez valores menos volátiles y solo 74,24 € si se hubieran comprado los diez más volátiles.

Indice / Selección	2008
IBEX 35	-36,50%
IBEX Media 35	-37,18%
10 menos volátiles	-25,39%
10 menos volátiles no financieros	-28,66%
15 volatilidad media	-35,68%
10 más volátiles	-50,03%

2.5. Año 2009

Tras una recuperación, dentro del ciclo bajista, de un 21,9% entre el 21 de noviembre de 2008 y el 6 de enero de 2009, el mercado se desplomó de nuevo, un 29,9% hasta el 9 de marzo (casi tanto como el 34,4% que perdió en el momento culminante de la crisis, entre agosto y octubre de 2018). Sin embargo, a partir del 9 de marzo se inició un intenso, aunque breve, ciclo alcista hasta el 6 de enero de 2010, en el que la revalorización (sin dividendos) fue del 79%.

2009 - Primer trimestre			2009 - Segundo trimestre			2009 - Tercer trimestre			2009 - Cuarto trimestre		
Valor	Volatilidad	Rentabilidad	Valor	Volatilidad	Rentabilidad	Valor	Volatilidad	Rentabilidad	Valor	Volatilidad	Rentabilidad
SABADELL	1,77%	-22,06%	TELEFÓNICA	1,32%	10,65%	TELEFÓNICA	0,73%	17,00%	IBERDROLA RENOV.	0,88%	-2,19%
ACS	2,36%	-1,56%	INDRA	1,47%	6,27%	INDRA	1,04%	14,39%	ENAGAS	0,89%	10,04%
INDRA	2,37%	-10,32%	ENAGAS	1,55%	31,40%	REE	1,10%	11,15%	ACS	0,92%	-2,33%
BME	2,42%	0,03%	REE	1,55%	9,56%	IBERDROLA	1,22%	19,27%	INDRA	0,93%	-3,40%
BANESTO	2,48%	-23,86%	ABERTIS	1,68%	22,24%	SABADELL	1,29%	15,06%	CRITERIA	0,95%	-2,11%
REE	2,54%	-17,09%	GRIFOLS	1,74%	18,16%	ACS	1,30%	2,05%	ABERTIS	0,96%	3,29%
FCC	2,56%	2,18%	ACS	1,77%	15,40%	ENAGAS	1,38%	4,64%	GRIFOLS	0,96%	-5,12%
ABERTIS	2,57%	-4,58%	CRITERIA	1,90%	37,86%	ABERTIS	1,47%	15,75%	TELEFÓNICA	0,98%	6,15%
TELECINCO	2,57%	-30,86%	SABADELL	1,92%	20,90%	GRIFOLS	1,47%	3,42%	REE	0,99%	51,41%
GRIFOLS	2,59%	11,86%	IBERDROLA RENOV.	1,94%	6,49%	IBERDROLA RENOV.	1,53%	3,83%	IBERDROLA	1,00%	-0,40%
TELEFÓNICA	2,65%	-5,24%	REPSOL	1,94%	27,42%	ACERINOX	1,56%	12,51%	SABADELL	1,07%	-21,78%
ENAGAS	2,70%	-29,76%	FCC	2,04%	26,72%	REPSOL	1,58%	19,92%	ACERINOX	1,16%	0,41%
INDITEX	2,74%	-6,32%	IBERIA	2,07%	4,43%	INDITEX	1,59%	14,75%	GAS NATURAL	1,16%	0,07%
BANKINTER	2,99%	27,51%	BANESTO	2,19%	24,65%	CRITERIA	1,63%	6,99%	ENDESA	1,18%	6,02%
ENDESA	3,02%	30,15%	IBERDROLA	2,20%	9,47%	GAS NATURAL	1,67%	20,28%	BANESTO	1,19%	7,03%
CRITERIA	3,06%	12,59%	ACCIONA	2,28%	18,11%	FCC	1,67%	12,22%	BANKINTER	1,20%	-16,20%
GAS NATURAL	3,15%	-35,28%	OHL	2,31%	115,13%	ENDESA	1,70%	32,36%	REPSOL	1,23%	3,04%
ACERINOX	3,21%	-24,36%	INDITEX	2,33%	18,30%	BANESTO	1,75%	28,61%	ACCIONA	1,23%	-0,85%
POPULAR	3,22%	19,51%	TECNICAS	2,36%	40,65%	TECNICAS	1,87%	13,02%	FCC	1,24%	7,97%
ABENGOA A	3,42%	-15,17%	BME	2,41%	26,74%	BANKINTER	1,90%	3,22%	BME	1,28%	15,18%
IBERIA	3,51%	-20,20%	ENDESA	2,46%	21,16%	IBERIA	1,94%	41,06%	INDITEX	1,31%	11,54%
REPSOL	3,52%	-13,68%	ACERINOX	2,49%	56,35%	BME	1,96%	28,13%	SANTANDER	1,42%	6,14%
CINTRA	3,54%	30,65%	ABENGOA A	2,65%	57,54%	POPULAR	2,06%	12,20%	TECNICAS	1,48%	7,43%
FERROVIAL	3,57%	-17,96%	BANKINTER	2,68%	13,46%	CINTRA	2,17%	79,86%	IBERIA	1,50%	10,80%
OHL	3,72%	32,13%	GAS NATURAL	2,71%	26,04%	FERROVIAL	2,19%	42,83%	BBVA	1,53%	6,43%
MAPFRE	3,85%	-31,09%	TELECINCO	2,74%	43,67%	BBVA	2,20%	36,69%	ABENGOA A	1,58%	14,20%
IBERDROLA RENOV.	3,86%	2,30%	FERROVIAL	2,80%	51,62%	MAPFRE	2,22%	31,90%	POPULAR	1,64%	22,92%
BBVA	3,91%	-27,52%	CINTRA	2,83%	33,81%	ACCIONA	2,24%	8,28%	GAMESA	1,67%	-23,06%
IBERDROLA	4,13%	18,70%	MAPFRE	2,88%	45,90%	SANTANDER	2,41%	30,08%	MAPFRE	1,68%	1,59%
SANTANDER	4,21%	-21,29%	POPULAR	2,92%	31,76%	ABENGOA A	2,48%	26,57%	SACYR	1,68%	-38,16%
TECNICAS	4,43%	33,35%	SANTANDER	3,07%	69,80%	OHL	2,58%	35,20%	OHL	1,69%	5,48%
SACYR	4,56%	-8,95%	BBVA	3,10%	47,68%	SACYR	2,58%	30,97%	TELECINCO	1,95%	17,38%
ACCIONA	4,70%	-11,78%	SACYR	3,18%	70,34%	TELECINCO	2,97%	29,62%	FERROVIAL	1,98%	1,96%
GAMESA	4,84%	-24,18%	GAMESA	3,23%	41,93%	GAMESA	3,48%	13,32%	CINTRA	2,00%	3,52%
UNION FENOSA	NR	3,10%	UNION FENOSA	NR	-57,00%	ARCELORMITTAL	3,78%	9,36%	ARCELORMITTAL	2,30%	26,61%
IBEX 35	2,93%	-13,85%	IBEX 35	1,67%	27,83%	IBEX 35	1,29%	21,66%	IBEX 35	1,01%	3,21%
IBEX Medio 35	3,26%	-14,29%	IBEX Medio 35	2,31%	29,40%	IBEX Medio 35	1,91%	20,75%	IBEX Medio 35	1,34%	-1,09%
10 menos volátiles	2,42%	-12,20%	10 menos volátiles	1,68%	37,69%	10 menos volátiles	1,25%	10,60%	10 menos volátiles	0,95%	1,59%
10 menos volátiles no financieros		-11,11%	10 menos volátiles no financieros		16,34%	10 menos volátiles no financieros		10,40%	10 menos volátiles no financieros		1,59%
14 volatilidad media	3,17%	-17,10%	14 volatilidad media	2,32%	31,88%	15 volatilidad media	1,82%	24,51%	15 volatilidad media	1,28%	-2,49%
10 más volátiles	4,23%	-14,00%	10 más volátiles	2,94%	46,29%	10 más volátiles	2,70%	25,20%	10 más volátiles	1,84%	-1,60%

En el primer y segundo trimestres no se ha considerado Unión Fenosa por la razón dada en el apartado anterior. A pesar de que la OPA ofrecía un precio de 18 € por cada acción de la eléctrica, puede sorprender ver que en el segundo trimestre, dicha acción de desplomara un 57%. La razón es que un 4% de accionistas de Unión Fenosa no aceptó el canje ofrecido por Gas Natural (tres acciones de la gasista por cada cinco de la eléctrica) y al término de la OPA el precio volvió a fluctuar en el mercado. Como el precio de la acción de

Gas Natural se desplomó de 37,04 € en junio de 2008 a 12,97 € en junio de 2009, el valor de la acción de Unión Fenosa que se desprendía del canje también lo hizo: tres acciones de Gas Natural a 12,97 € son 38,91 €, que dividido por cinco es 7,78 €, un 57% menos que los 18 € de la OPA.

Como en el año alcista más reciente, 2006, los valores más volátiles lo hicieron considerablemente mejor que el mercado. Se da la circunstancia que su rentabilidad fue similar a la de aquel año (55,01% vs. 54,27%).

Los valores menos volátiles, en cambio, fueron mucho menos rentables que la media del mercado: la mitad, de hecho.

Indice / Selección	2009
IBEX 35	38,28%
IBEX Media 35	32,56%
10 menos volátiles	16,09%
10 menos volátiles no financieros	17,92%
15 volatilidad media	32,74%
10 más volátiles	55,01%

2.6. Año 2010

El ejercicio 2010 sucedió a un 2009 en el que el IBEX 35 ganó un 38,27% con dividendos, lo que permitió recuperar parte de las pérdidas del 36,50% de 2008. Aún así, el balance de ambos años todavía arrojaba un saldo negativo del 12,2% (se requiere una ganancia del 57,5% para recuperar una pérdida del 36,5%).

En 2010 se inició la crisis del euro, que se extendería hasta mediados de 2012. A lo largo del ejercicio fueron creciendo las inquietudes sobre la capacidad de Grecia, Italia, España, Portugal e Irlanda para pagar los intereses de su deuda pública. Se llegó a temer por una salida de Grecia de la zona euro, y eso habría podido significar el fin de la moneda única.

Si 2008 fue el año de la insolvencia de los bancos, 2010, 2011 y 2012 fueron los años de la crisis de insolvencia de los Estados. En buena parte, los problemas de estabilidad presupuestaria de los gobiernos se debieron a la caída de ingresos públicos derivada de la crisis financiera.

La bolsa española alcanzó un máximo relativo el 6 de enero de 2010 y pasó casi todo el año, hasta el 30 de noviembre, en un ciclo bajista.

Lo peor tuvo lugar en el segundo trimestre. El IBEX perdió un 13% pero la rentabilidad media de los 35 valores fue negativa en un 17%. En ese trimestre, los diez valores menos volátiles no fueron una buena defensa, pues perdieron un 14,30%.

A pesar de ello, la cartera 10 Valores Menos Volátiles acabó el año con una pérdida del 2,67%, que se compara favorablemente con la media de referencia, que perdió un 9,52% y con el IBEX 35 con dividendos, que se dejó un 12,93%.

En cambio, los diez valores más volátiles perdieron de media un 10,99% con dividendos incluidos.

Indice / Selección	2010
IBEX 35	-12,93%
IBEX Media 35	-9,52%
10 menos volátiles	-2,67%
10 menos volátiles no financieros	-3,91%
15 volatilidad media	-13,49%
10 más volátiles	-10,99%

En 2010, la cartera de valores menos volátiles sin acciones financieras lo hizo algo peor, pues perdió un 3,91%. Solo hubo un banco (Sabadell en el primer trimestre) entre los diez valores menos volátiles pero ganó un 5,55% en ese trimestre, mientras que la empresa que hubiera tomado su lugar, Gas Natural, perdió un 7,08%.

2.7. Año 2011

En febrero de 2011, el Indice General de la Bolsa de Madrid subía un 27% desde el desplome de junio de 2010 desencadenado por el rescate financiero de Grecia.

Sin embargo, la situación griega no haría sino empeorar y en julio de 2010 se constató la existencia de un nuevo ciclo bajista. Entre febrero y septiembre de 2011, el IGBM acumuló una caída del 32%.

A partir de mediados de septiembre y hasta finales de octubre hubo una fuerte recuperación del 21%. El intervalo alcista dio paso a una recaída del 17% en noviembre debido al aumento de los tipos de interés de la deuda pública española. Fue la época en que se hablaba a diario de la "prima de riesgo", el diferencial entre el tipo de interés de los títulos de deuda pública española con vencimiento de 10 años respecto al de los mismos títulos alemanes. Dicha prima de riesgo alcanzó 443 puntos básicos, es decir, el rendimiento de la deuda española superó en un 4,43% al de la deuda alemana.

El rendimiento de las obligaciones a diez años se acercó al 7%, un nivel que empezaba a ser insostenible para las finanzas del Estado y que podía desencadenar un rescate a España.

A pesar de la convulsa situación de los mercados a lo largo de 2010, el IBEX 35 acabó el ejercicio con una pérdida moderada, un 7,75% incluyendo dividendos. La pérdida media de los 35 valores del IBEX fue incluso menor, del 4,74%.

La cartera 10 Valores Menos Volátiles lo hizo bien en los dos primeros trimestres y en el cuarto pero en el tercero perdió un 15,4%. En el conjunto del año ganó un 2,61%, superando al IBEX 35 en 10,4 puntos y a la media del mercado en 7,35 puntos.

Sin acciones del sector financiero, la cartera de valores menos volátiles ganó un 2,05%, menos que la cartera original, al igual que en 2010.

En el cuadro siguiente puede observarse una clara relación inversa entre volatilidad y rentabilidad. Los 10 valores menos volátiles ganaron un 2,61%, los 15 con volatilidad media perdieron un 2,55% y los 10 más volátiles se dejaron un 16,65%.

Indice / Selección	2011
IBEX 35	-7,75%
IBEX Media 35	-4,74%
10 menos volátiles	2,61%
10 menos volátiles no financieros	2,05%
15 volatilidad media	-2,55%
10 más volátiles	-16,65%

2.8. Año 2012

En 2012 iba a venir lo peor: en julio la bolsa española caería por debajo de los niveles alcanzados en octubre de 2008 y marzo de 2009, los peores momentos de la crisis financiera internacional.

A pesar de que 2012 empezó dentro de un ciclo bajista, el 9 de febrero el IBEX subía un 5%, completando una recuperación del 15% desde finales de noviembre de 2011. Pero en los cuatro meses siguientes el índice selectivo se dejaría un 31,9%, hasta los 6.065 puntos el 1 de junio de 2012. El 9 de junio, España solicitó ayuda a la Unión Europea para rescatar a varias entidades financieras en riesgo de insolvencia. La principal beneficiaria de la ayuda fue Bankia, el resultado de la fusión de Caja Madrid, Bancaja y otras entidades, que recibió una inyección de capital de 22.000 millones de euros.

El mínimo anual, y del gran ciclo bajista iniciado a finales de 2007, tuvo lugar el 24 de julio de 2012. Ese día, el interés de la deuda pública española a diez años alcanzó el 7,7%, mientras que la deuda alemana al mismo plazo solo rendía un 1,2%.

La prima de riesgo fue, por tanto, de unos desorbitados 650 puntos básicos (un 6,5%). Sin embargo, el 26 de julio el presidente del Banco Central Europeo, Mario Draghi, pronunció un discurso a favor del euro que ha pasado a la historia por conseguir poner punto final a los temores de los inversores a una ruptura de la moneda única. Se inició entonces un nuevo ciclo alcista.

En el tercer trimestre, los tres grupos de valores lo hicieron bien (13,77% los menos volátiles, 10,78% los de volatilidad media y 14,26% los más volátiles). En el cuarto trimestre, los valores más volátiles volvieron a quedarse rezagados al perder un 0,39%, mientras que los menos volátiles ganaron un 8,86%.

En el conjunto del año, el IBEX 35 acumuló una caída del 4,66% pero gracias al elevado rendimiento por dividendo (un 7,44%), acabó con una rentabilidad positiva del 2,78%. Sin embargo, la rentabilidad media de los 35 valores del IBEX fue negativa en un 2,30%.

La cartera 10 Valores Menos Volátiles incluyó a Bankia en el primer y el segundo trimestre. Las acciones de esta entidad se habrían vendido a finales de junio con una minusvalía acumulada en seis meses del 74% y en el tercer trimestre se habría perdido la oportunidad de recuperar un 41,3%. Aún así, la cartera destacó en conjunto especialmente ese año, al ganar un 19,92%. Sin acciones del sector financiero, el resultado habría sido mejor aún, un 30,16%.

En cambio, los 15 valores de volatilidad media perdieron un 8,96% y los 10 más volátiles, un 12,24%.

Indice / Selección	2012
IBEX 35	2,78%
IBEX Media 35	-2,30%
10 menos volátiles	19,92%
10 menos volátiles no financieros	30,16%
15 volatilidad media	-8,96%
10 más volátiles	-12,24%

2.9. Año 2013

El IBEX 35 inició el año 2013 con 34 valores debido a que el 2 de enero salieron Bankia y Gamesa pero solo entró Viscofán. El índice siguió contando con un valor menos hasta la inclusión de Jazztel el 23 de abril. Por este motivo, los dos primeros trimestres de la tabla incluyen solo 34 valores, de modo que en ambos el grupo de acciones con volatilidad media cuenta con 14 integrantes. Por otro lado, el 26 de octubre de 2012, las acciones de Abengoa fueron sustituidas por las preferentes de la misma compañía, conocidas como Abengoa B.

En 2013 no hubo ninguna entidad financiera entre los valores menos volátiles.

El IBEX cerró el primer semestre en negativo pero la cartera 10 Valores Menos Volátiles ganó un 10,83%.

En el tercer trimestre ocurrió algo excepcional: los 10 valores más volátiles ganaron de media un 44,06% mientras que la rentabilidad media de los 35 valores fue del 22,25%. La ventaja fue igualmente excepcional, del 21,81%.

Si bien en los 16 trimestres de 2010-2013 la cartera 10 Valores Menos Volátiles batió a la media en 14 trimestres, la mayor ventaja obtenida fue del 7,94% en abril-junio de 2012. En cambio, los 10 más volátiles lo hicieron mejor que la media en 9 trimestres del mismo período pero en un solo trimestre lograron adelantar un 21,81% respecto al mercado. En ninguno de los 20 trimestres siguientes (período 2014-2018), los valores menos volátiles tuvieron una ventaja semejante.

En el conjunto del año, y a diferencia de los que ocurrió en los tres ejercicios anteriores, los valores más volátiles fueron los mejores, con gran diferencia. Su rentabilidad como grupo fue de nada menos que el 60,93%, 21,42 puntos mejor que la media y 33,18 puntos mejor que el IBEX 35.

Indice / Selección	2013
IBEX 35	27,75%
IBEX Media 35	39,51%
10 menos volátiles	33,73%
10 menos volátiles no financieros	33,73%
15 volatilidad media	27,84%
10 más volátiles	60,93%

Sin embargo, en el período de enero de 2010 a diciembre de 2013, los 10 Valores Menos Volátiles acumulaban una rentabilidad del 60,17% (70,69% sin acciones del sector financiero), por solo un 4,78% de los 10 más volátiles. El peor grupo resultó ser el de volatilidad media, que perdía un 1,88%. En comparación, el IBEX 35 ganaba un 5,47% y la media de los 35 valores, un 17,47%. En todos los casos, con dividendos incluidos. Es decir, solo el grupo de valores menos volátiles logró superar, y de forma amplia, la media de referencia.

2.10. Año 2014

El ejercicio 2014 también fue alcista, aunque de forma mucho más moderada que 2013. En el primer trimestre, los valores más volátiles lo volvieron a hacer mejor que los menos volátiles por cuarto trimestre consecutivo. En esta ocasión, la ganancia fue de un 15,15% para los primeros y de un 4,17% para los segundos. Pero a partir de abril la situación se revirtió. En el cuarto trimestre, la diferencia a favor de los menos volátiles volvió a ser considerable, un 14,18%.

Bankia regresó al IBEX 35 el 23 de diciembre de 2013 pero se trataba de una entidad que había sido reestructurada gracias a las inyecciones de capital del Estado y que contaba con un nuevo equipo directivo.

En el primer trimestre rotaron cuatro valores (es decir, salieron cuatro y entraron otros cuatro) pero uno de ellos (Endesa) fue porque salió del IBEX. En el segundo y tercer trimestre rotaron dos valores (en el tercero, Ebro salió del IBEX) y en el cuarto, cambiaron tres valores.

En el conjunto de 2014, el IBEX 35 solo subió un 3,66% pero la rentabilidad con dividendos fue del 8,62%. La rentabilidad media de los 35 valores fue similar, un 7,68%.

Al igual que en 2010, 2011 y 2012, hubo una clara relación inversa entre volatilidad y rentabilidad. Los 10 valores menos volátiles ganaron de media un 16,18%, los 15 con volatilidad media, un 7,69%, mientras que los 10 más volátiles perdieron un 1,28%.

A lo largo del ejercicio, solo hubo un valor financiero entre los 10 menos volátiles (Mapfre en el cuarto trimestre), de aquí que la cartera de 10 valores menos volátiles sin acciones del sector financiero fuera muy similar (16,41%).

Indice / Selección	2014
IBEX 35	8,61%
IBEX Media 35	7,68%
10 más volátiles	16,18%
10 menos volátiles no financieros	16,41%
15 volatilidad media	7,69%
10 menos volátiles no financieros	-1,28%

En el período de enero de 2010 a diciembre de 2014, el IBEX 35 acumulaba una rentabilidad del 14,55%, la media de referencia un 25,91%, los 10 Valores Menos Volátiles un 89,26% (100,40% sin acciones financieras), los 15 valores de volatilidad media un 1,29% y los 10 más volátiles un 6,24%.

2.11. Año 2015

El ejercicio 2015 empezó con una fuerte revalorización del 15,4% hasta el 13 de abril pero poco después se iniciaría un nuevo ciclo bajista, el tercero desde 2010.

Los valores más volátiles brillaron en el primer trimestre, con una ganancia media del 27,54%, mientras que los menos volátiles obtuvieron un más discreto 10,56%. En ese trimestre, la relación entre volatilidad y rentabilidad fue directa, pues el grupo intermedio fue el segundo mejor. Sin embargo, se puede observar que en cada uno de los tres trimestres siguientes la relación entre ambas variables volvió a ser inversa, sobre todo en los dos últimos.

2015 - Primer trimestre			2015 - Segundo trimestre			2015 - Tercer trimestre			2015 - Cuarto trimestre		
Valor	Volatilidad	Rentabilidad	Valor	Volatilidad	Rentabilidad	Valor	Volatilidad	Rentabilidad	Valor	Volatilidad	Rentabilidad
IBERDROLA	0,90%	7,24%	FERROVIAL	0,80%	0,23%	REE	0,87%	6,16%	ENDESA	1,00%	1,70%
AMADEUS	1,06%	21,75%	AMADEUS	0,86%	10,52%	TELEFÓNICA	0,87%	15,06%	IBERDROLA	1,01%	10,08%
GAS NATURAL	1,13%	2,41%	ENAGAS	0,88%	-8,39%	GAS NATURAL	0,89%	-11,79%	ABERTIS	1,04%	4,32%
ENAGAS	1,14%	3,70%	ABERTIS	0,91%	-6,30%	IBERDROLA	0,89%	0,88%	ENAGAS	1,06%	3,54%
TELEFÓNICA	1,20%	12,52%	REE	0,94%	-5,10%	ENAGAS	0,91%	8,20%	REE	1,09%	4,01%
FERROVIAL	1,22%	20,55%	IBERDROLA	0,94%	0,67%	REPSOL	0,91%	-13,90%	AENA	1,12%	6,73%
ABERTIS	1,24%	2,47%	MAPFRE	1,01%	-6,83%	ENDESA	0,93%	11,94%	FERROVIAL	1,17%	-0,42%
REPSOL	1,35%	11,51%	TELEFÓNICA	1,06%	-0,83%	FERROVIAL	1,00%	9,72%	AMADEUS	1,21%	6,46%
REE	1,36%	4,59%	GAS NATURAL	1,11%	-2,75%	MEDIASET	1,05%	-17,01%	GAS NATURAL	1,29%	7,97%
MAPFRE	1,36%	20,83%	TECNICAS	1,11%	17,90%	MAPFRE	1,09%	-24,27%	GRIFOLS	1,34%	16,48%
BME	1,38%	29,06%	GRIFOLS	1,11%	-8,89%	ABERTIS	1,10%	-3,34%	CAIXABANK	1,38%	-4,60%
INDITEX	1,40%	26,05%	ENDESA	1,12%	4,61%	ACCIONA	1,11%	3,59%	BBVA	1,42%	10,08%
SANTANDER	1,47%	2,37%	BBVA	1,16%	-6,55%	TECNICAS	1,11%	-12,67%	MEDIASET	1,42%	2,77%
BBVA	1,51%	21,44%	MEDIASET	1,17%	1,89%	ACS	1,12%	-8,15%	TELEFÓNICA	1,45%	-2,35%
GRIFOLS	1,52%	20,71%	REPSOL	1,19%	-6,38%	BANKIA	1,14%	3,29%	BANKINTER	1,46%	1,13%
TECNICAS	1,56%	9,10%	ACS	1,20%	12,56%	GRIFOLS	1,15%	2,13%	DIA	1,48%	0,74%
MEDIASET	1,63%	11,63%	BME	1,21%	10,99%	BBVA	1,16%	-12,86%	MAPFRE	1,50%	1,28%
ACS	1,65%	15,46%	INDITEX	1,30%	-1,56%	SANTANDER	1,18%	23,68%	ACS	1,53%	5,14%
CAIXABANK	1,70%	2,16%	FCC	1,31%	-19,66%	DIA	1,19%	18,54%	INDITEX	1,54%	6,75%
BANKINTER	1,74%	7,20%	ACCIONA	1,32%	-5,64%	CAIXABANK	1,19%	-17,31%	ACCIONA	1,54%	24,93%
DIA	1,78%	29,48%	BANKINTER	1,37%	6,16%	BANKINTER	1,20%	-0,30%	TECNICAS	1,56%	-11,84%
ARCELORMITTAL	1,81%	2,87%	DIA	1,44%	3,18%	SABADELL	1,21%	24,42%	POPULAR	1,56%	-6,75%
BANKIA	1,86%	4,85%	BANKIA	1,45%	-12,33%	AMADEUS	1,22%	7,94%	SABADELL	1,59%	-0,61%
INDRA	1,87%	35,44%	SANTANDER	1,47%	-8,62%	INDITEX	1,22%	2,64%	BANKIA	1,62%	-7,76%
ACCIONA	1,97%	27,72%	CAIXABANK	1,59%	-4,96%	GAMESA	1,66%	-11,80%	SANTANDER	1,70%	-2,74%
IAG (IBERIA)	1,98%	34,93%	SABADELL	1,59%	2,89%	FCC	1,48%	27,60%	REPSOL	1,77%	1,69%
ENDESA	2,01%	11,06%	GAMESA	1,59%	20,10%	INDRA	1,51%	0,54%	SACYR	1,97%	8,59%
SABADELL	2,04%	11,22%	IAG (IBERIA)	1,60%	-16,48%	ACERINOX	1,52%	35,70%	INDRA	2,01%	-6,47%
POPULAR	2,08%	10,05%	SACYR	1,64%	13,15%	POPULAR	1,54%	-24,60%	IAG (IBERIA)	2,03%	5,15%
OHL	2,11%	6,93%	OHL	1,68%	-21,27%	ABENGOA B	1,58%	70,57%	ACERINOX	2,23%	18,05%
GAMESA	2,43%	55,16%	ARCELORMITTAL	1,78%	1,59%	SACYR	1,61%	-17,31%	ARCELORMITTAL	2,30%	-16,11%
SACYR	2,66%	38,71%	POPULAR	1,81%	-4,30%	ARCELORMITTAL	1,72%	-46,74%	FCC	2,34%	5,90%
FCC	2,78%	-1,92%	INDRA	2,10%	15,61%	IAG (IBERIA)	1,75%	14,06%	GAMESA	2,41%	27,79%
ABENGOA B	4,75%	84,50%	ABENGOA B	2,57%	13,22%	AENA	1,77%	5,34%	OHL	2,54%	11,71%
						OHL	1,92%	22,99%	ABENGOA B	6,14%	77,11%
IBEX 35	1,24%	12,07%	IBEX 35	0,95%	-5,58%	IBEX 35	0,88%	-10,56%	IBEX 35	1,37%	0,89%
IBEX Media 34	1,75%	17,46%	IBEX Media 34	1,34%	-5,88%	IBEX Media 35	1,27%	-12,37%	IBEX Media 35	1,58%	-0,29%
10 menos volátiles	1,20%	10,56%	10 menos volátiles	0,96%	-6,51%	10 menos volátiles	0,98%	-6,51%	10 menos volátiles	1,13%	5,75%
10 menos volátiles no financieros		11,38%	10 menos volátiles no financieros		-2,44%	10 menos volátiles no financieros		-4,48%	10 menos volátiles no financieros		5,75%
14 volatilidad media	1,61%	15,38%	14 volatilidad media	1,27%	-7,07%	15 volatilidad media	1,18%	-8,34%	15 volatilidad media	1,52%	-0,40%
10 más volátiles	2,48%	27,54%	10 más volátiles	1,80%	-7,02%	10 más volátiles	1,50%	-24,56%	10 más volátiles	2,29%	6,18%

Para el primer y segundo trimestres he considerado 34 valores porque Jazztel fue objeto de una OPA en septiembre de 2014. Recordemos que la volatilidad que se tiene en cuenta en el primer trimestre es la correspondiente a la del cuarto trimestre del año anterior.

En el conjunto del año, la relación inversa entre volatilidad y rentabilidad se ve con toda claridad. La cartera 10 Valores Menos Volátiles ganó un 6,85%, el grupo intermedio perdió un 2,70% y el grupo de 10 valores más volátiles acabó perdiendo un 16,04% a pesar de haber empezado el año con una ganancia espectacular del 27,54% en el primer trimestre. Esto último se debe a que en los tres trimestres sucesivos las pérdidas fueron del 7,02%, 24,56% y 6,16%.

Hay que recordar que cuando se trabaja con porcentajes, sobre todo si algunos son positivos y otros negativos, estos no se pueden sumar y restar entre sí, sino que hay que operar del siguiente modo: (1+27,54%)x(1-7,02%)x(1-24,56%)x(1-6,16%), lo que da 0,8396. Tras restar la unidad, obtenemos un porcentaje acumulado de -16,04%.

La rentabilidad media con dividendos de los valores del IBEX 35 fue negativa en un 3,40%, similar a la pérdida del IBEX 35 con dividendos. Por tanto, la ventaja de la cartera 10 Valores Menos Volátiles fue del 10,25%.

Los valores menos volátiles sin acciones financieras lo hicieron mejor todavía, al ganar un 9,75%.

Indice / Selección	2015
IBEX 35	-3,55%
IBEX Media 35	-3,40%
10 menos volátiles	6,85%
10 menos volátiles no financieros	9,75%
15 volatilidad media	-2,70%
10 más volátiles	-16,04%

2.12. Año 2016

Como explico en la Monografía Invesgrama número 2, *Mercados bajistas*, el aviso del ciclo bajista iniciado en 2015 tuvo lugar en agosto de 2015. El ciclo alcanzó su mínimo el 27 de junio de 2016, tras conocerse el resultado del referéndum del "Brexit", que fue a favor de la salida del Reino Unido de la Unión Europea.

En los dos primeros trimestres, dominados por la tendencia bajista, los valores menos volátiles lo hicieron mejor que la media: perdieron un 0,5%, mientras que la media de referencia perdió un 9,1% y el IBEX 35 con dividendos, un 12,2%.

En cambio, en el segundo semestre, que fue claramente alcista, los valores más volátiles ganaron un espectacular 33,3%, mientras que los menos volátiles solo acumularon un simbólico 0,02%. La ventaja de los primeros fue del 18% respecto a la media de referencia.

En el tercer trimestre no se ha tenido en cuenta FCC debido a la OPA de que fue objeto en marzo de 2016.

La cartera 10 Valores Menos Volátiles perdió un 0,49% en un año en que la media de referencia ganó un 4,79% y los 10 más volátiles ganaron un 22,75%.

Se trata del cuarto año (junto con 2006, 2009 y 2013), en el que las acciones de mayor riesgo lo hicieron mucho mejor que el mercado. En esta ocasión, la ventaja fue del 20,15% respecto al IBEX 35 (en 2006 y 2009 fue de entre el 17 y el 18%, y en 2013 del 33%).

A pesar de esos cuatro años espectaculares, este grupo de valores solo acumula una rentabilidad del 22,67% desde diciembre de 2005, mientras que en el mismo período el IBEX 35 ha ganado un 49,91% y la cartera 10 Valores Menos Volátiles, un 155,80%. Esta última selección solo batió al IBEX 35 en más de un 15% en 2012 (mientras que el grupo de diez valores más volátiles lo hizo en cuatro años), pero ganó una media del 8,91% anual, 5,16 puntos anuales más que el índice.

Indice / Selección	2016
IBEX 35	2,60%
IBEX Media 35	4,79%
10 menos volátiles	-0,49%
10 menos volátiles no financieros	-1,42%
15 volatilidad media	-3,89%
10 más volátiles	22,75%

2.13. Año 2017

Desde el 27 de junio de 2016, el primer día laborable tras el resultado del referéndum del Brexit, hasta el 5 de mayo de 2017, el IBEX 35 subió un 45,6%.

El primer trimestre de 2017, que fue alcista, fue más favorable a los valores más volátiles, tal como ocurriera en los dos últimos trimestres de 2016, que también fueron alcistas.

Si bien el IBEX no daría propiamente una señal de ciclo bajista hasta marzo de 2018, los tres últimos trimestres de 2017 ya fueron favorables a las acciones menos volátiles.

En el segundo trimestre, el que fuera el segundo valor más volátil del índice, Banco Popular, colapsó por completo y fue adquirido por el Banco Santander al precio simbólico de un euro para salvar a la entidad de la quiebra.

El segundo protagonista en sentido negativo del año fue Gamesa, que en el tercer trimestre cayó un 40%. También figuraba entre las diez acciones más volátiles.

2017 - Primer trimestre			2017 - Segundo trimestre			2017 - Tercer trimestre			2017 - Cuarto trimestre		
Valor	Volatilidad	Rentabilidad	Valor	Volatilidad	Rentabilidad	Valor	Volatilidad	Rentabilidad	Valor	Volatilidad	Rentabilidad
IBERDROLA	0,76%	9,71%	AMADEUS	0,55%	11,21%	MERLIN	0,58%	3,97%	ABERTIS	0,42%	10,82%
AMADEUS	0,78%	11,10%	ABERTIS	0,57%	9,87%	ABERTIS	0,64%	5,43%	MERLIN	0,42%	-1,88%
ABERTIS	0,78%	13,53%	REE	0,59%	5,11%	COLONIAL	0,72%	13,12%	VISCOFAN	0,63%	7,57%
ENDESA	0,79%	9,44%	ENDESA	0,59%	5,57%	INDITEX	0,75%	-5,12%	IBERDROLA	0,66%	1,57%
INDITEX	0,82%	1,88%	INDITEX	0,62%	2,75%	ENAGAS	0,76%	0,46%	REE	0,67%	5,23%
ACCIONA	0,83%	7,44%	AENA	0,63%	17,79%	REPSOL	0,77%	16,34%	GAS NATURAL	0,68%	2,78%
GAS NATURAL	0,83%	14,58%	IBERDROLA	0,67%	3,43%	BANKINTER	0,77%	0,05%	ENAGAS	0,68%	2,62%
REE	0,87%	1,78%	ENAGAS	0,68%	0,82%	FERROVIAL	0,79%	4,12%	COLONIAL	0,70%	-1,31%
MELIA	0,88%	16,45%	GAMESA	0,69%	0,09%	TELEFONICA	0,81%	1,04%	REPSOL	0,72%	-2,96%
BANKINTER	0,92%	7,86%	GAS NATURAL	0,69%	3,52%	IBERDROLA	0,83%	-2,64%	INDITEX	0,73%	-7,84%
ENAGAS	0,93%	0,91%	ACCIONA	0,72%	6,40%	ACCIONA	0,85%	11,89%	ENDESA	0,75%	-2,78%
VISCOFAN	0,94%	3,40%	BANKINTER	0,74%	3,17%	VISCOFAN	0,86%	2,06%	BANKINTER	0,76%	-0,49%
AENA	0,96%	14,38%	MERLIN PROP	0,75%	6,52%	TECNICAS	0,88%	-18,87%	FERROVIAL	0,79%	3,73%
DIA	0,99%	16,11%	VISCOFAN	0,76%	8,57%	GAS NATURAL	0,89%	-6,96%	CELLNEX	0,83%	10,51%
ACS	1,02%	7,74%	FERROVIAL	0,76%	5,25%	AENA	0,91%	16,59%	AMADEUS	0,83%	9,31%
GRIFOLS	1,02%	21,77%	MEDIASET	0,78%	5,53%	AMADEUS	0,93%	1,04%	MELIA	0,83%	5,97%
REPSOL	1,03%	7,90%	TELEFONICA	0,79%	11,83%	ENDESA	0,94%	5,80%	BBVA	0,84%	-4,76%
CELLNEX	1,07%	13,12%	REPSOL	0,79%	-4,52%	REE	0,94%	-2,84%	AENA	0,85%	12,64%
MERLIN PROP	1,07%	1,45%	CELLNEX	0,86%	8,34%	CELLNEX	0,95%	7,20%	TELEFÓNICA	0,85%	-9,36%
TELEFÓNICA	1,08%	18,82%	ACS	0,86%	8,40%	GRIFOLS	0,95%	1,07%	ACCIONA	0,94%	-0,01%
FERROVIAL	1,11%	10,35%	INDRA	0,93%	5,60%	ACS	0,97%	7,13%	SANTANDER	0,97%	-6,60%
ACERINOX	1,15%	4,21%	GRIFOLS	0,94%	6,08%	MELIA	0,97%	-3,57%	MEDIASET	0,99%	1,95%
MAPFRE	1,16%	10,60%	MAPFRE	0,97%	2,00%	MEDIASET	0,97%	12,39%	GRIFOLS	1,00%	-0,20%
INDRA	1,16%	14,99%	MELIA	0,99%	1,47%	DIA	0,98%	5,89%	ACS	1,00%	4,05%
MEDIASET	1,18%	8,61%	CELLNEX	1,01%	16,96%	MAPFRE	1,02%	10,11%	BANKIA	1,01%	3,21%
TECNICAS	1,20%	3,67%	DIA	1,06%	0,55%	BBVA	1,11%	4,13%	INDRA	1,02%	14,67%
SANTANDER	1,29%	16,83%	BBVA	1,08%	1,00%	SABADELL	1,12%	-0,56%	MAPFRE	1,07%	0,15%
GAMESA	1,41%	15,10%	ACERINOX	1,15%	-4,76%	SANTANDER	1,15%	4,92%	ACERINOX	1,08%	2,18%
BBVA	1,40%	14,66%	BANKIA	1,15%	-1,17%	ACERINOX	1,20%	1,59%	TECNICAS	1,09%	-1,06%
CAIXABANK	1,45%	28,34%	SANTANDER	1,16%	1,89%	GAMESA	1,25%	-40,29%	CAIXABANK	1,09%	6,60%
SABADELL	1,46%	30,10%	CAIXABANK	1,30%	5,21%	INDRA	1,28%	5,70%	IAG (IBERIA)	1,14%	9,27%
BANKIA	1,61%	13,15%	SABADELL	1,31%	5,29%	IAG (IBERIA)	1,33%	3,02%	SABADELL	1,18%	0,59%
IAG (IBERIA)	1,81%	20,86%	IAG (IBERIA)	1,34%	14,11%	CAIXABANK	1,42%	1,46%	ARCELORMITTAL	1,42%	24,21%
ARCELORMITTAL	1,93%	12,09%	POPULAR	1,68%	100,00%	BANKIA	1,43%	3,15%	DIA	1,43%	-12,78%
POPULAR	2,29%	-1,05%	ARCELORMITTAL	1,82%	15,92%	ARCELORMITTAL	1,70%	9,71%	GAMESA	1,85%	3,64%
IBEX 35	0,69%	12,54%	IBEX 35	0,56%	1,24%	IBEX 35	0,63%	-0,08%	IBEX 35	0,57%	-2,28%
IBEX Media 35	1,14%	11,30%	IBEX Media 35	0,91%	-0,33%	IBEX Media 35	0,98%	-2,00%	IBEX Media 35	0,91%	0,31%
10 menos volátiles	0,82%	9,38%	10 menos volátiles	0,64%	4,85%	10 menos volátiles	0,75%	3,01%	10 menos volátiles	0,64%	1,31%
10 menos volátiles no financieros		8,69%	10 menos volátiles no financieros		4,85%	10 menos volátiles no financieros		1,84%	10 menos volátiles no financieros		1,31%
15 volatilidad media	1,06%	10,22%	15 volatilidad media	0,87%	2,46%	15 volatilidad media	0,95%	-5,62%	15 volatilidad media	0,90%	0,26%
10 más volátiles	1,58%	14,68%	10 más volátiles	1,33%	-9,72%	10 más volátiles	1,32%	-3,59%	10 más volátiles	1,26%	-0,60%

En el conjunto del ejercicio, el IBEX 35 ganó un 11,25% con dividendos y la media de referencia, un 9,06%.

Como se ve en el cuadro siguiente, la relación entre volatilidad y rentabilidad volvió a ser claramente inversa, al igual que en 2007, 2008, 2010, 2011, 2012, 2014 y 2015.

La cartera 10 Valores Menos Volátiles ganó un 19,74%, superando en más de 18 puntos al grupo más volátil, a pesar de haber empezado el año en desventaja.

Sin acciones del sector financiero, la cartera menos volátil ganó algo menos, un 17,63%.

Indice / Selección	2017
IBEX 35	11,25%
IBEX Media 35	9,06%
10 menos volátiles	19,74%
10 menos volátiles no financieros	17,63%
15 volatilidad media	6,96%
10 más volátiles	1,26%

2.14. Año 2018

En buena parte de 2017, la bolsa española había tenido una orientación descendente pero no hubo una señal clara de ciclo bajista. Esta señal se produjo a finales de marzo de 2018 y la tendencia a la baja duraría casi hasta el último día del año. Entre el 5 de mayo de 2017 y el 27 de diciembre de 2018 el IBEX 35 sufrió una minusvalía del 24,9%. Así, en 2018 el primer trimestre fue de tendencia indefinida y los tres siguientes claramente bajistas. No obstante, se da la circunstancia de que el segundo trimestre fue positivo porque a lo largo del mismo tuvo lugar la típica recuperación que suele darse tras un aviso bajista (tal como defino este concepto en la mencionada Monografía Invesgrama número 2).

2018 - Primer trimestre			2018 - Segundo trimestre			2018 - Tercer trimestre			2018 - Cuarto trimestre		
Valor	Volatilidad	Rentabilidad	Valor	Volatilidad	Rentabilidad	Valor	Volatilidad	Rentabilidad	Valor	Volatilidad	Rentabilidad
REPSOL	0,66%	-2,24%	MERLIN	0,66%	2,25%	VISCOFAN	0,67%	7,63%	ENDESA	2,57%	11,93%
GAS NATURAL	0,67%	0,73%	MAPFRE	0,78%	-0,91%	MERLIN	0,68%	-6,18%	IBERDROLA	0,58%	10,73%
ENAGAS	0,72%	6,87%	BBVA	0,82%	-8,27%	TELEFÓNICA	0,69%	-6,22%	REE	0,68%	8,09%
TELEFÓNICA	0,76%	1,23%	VISCOFAN	0,88%	5,63%	FERROVIAL	0,74%	1,65%	MERLIN	0,67%	-5,99%
AMADEUS	0,76%	0,58%	BANKINTER	0,93%	0,54%	ENAGAS	0,77%	3,65%	NATURGY	0,69%	3,40%
MERLIN	0,76%	10,09%	SABADELL	0,93%	-10,24%	NATURGY	0,78%	7,85%	TELEFÓNICA	0,69%	10,56%
REE	0,77%	-9,22%	AMADEUS	0,94%	11,80%	REE	0,79%	3,66%	COLONIAL	0,70%	-0,05%
VISCOFAN	0,79%	2,22%	ENAGAS	0,96%	12,64%	ENDESA	0,82%	1,53%	FERROVIAL	0,70%	1,36%
AENA	0,83%	-3,17%	SANTANDER	0,96%	-12,26%	MAPFRE	0,82%	4,25%	REPSOL	0,71%	15,60%
BANKINTER	0,82%	7,02%	TELEFÓNICA	0,96%	6,85%	IBERDROLA	0,84%	1,42%	ENAGAS	0,73%	4,18%
IBERDROLA	0,87%	5,42%	AENA	0,97%	1,01%	AMADEUS	0,87%	18,37%	VISCOFAN	0,79%	22,36%
CELLNEX	0,88%	1,59%	MELIA	0,97%	2,18%	AENA	0,87%	3,86%	ACCIONA	0,79%	5,31%
SANTANDER	0,94%	-2,19%	COLONIAL	0,98%	2,64%	COLONIAL	0,88%	-5,49%	AENA	0,84%	-9,20%
FERROVIAL	0,96%	-10,11%	INDRA	0,99%	9,40%	ACS	0,92%	3,60%	BANKINTER	0,86%	-10,68%
INDITEX	0,96%	12,46%	CAIXABANK	0,99%	-2,07%	ACERINOX	0,98%	12,62%	SANTANDER	0,86%	-7,72%
IAG (IBERIA)	0,97%	3,04%	FERROVIAL	1,00%	1,65%	BANKINTER	0,98%	-4,15%	MELIA	0,87%	-14,81%
ACS	0,97%	1,60%	ACERINOX	1,00%	0,09%	REPSOL	1,01%	2,39%	MAPFRE	0,89%	-11,85%
ACCIONA	1,01%	-9,29%	GAS NATURAL	1,05%	16,87%	MEDIASET	1,04%	12,80%	GRIFOLS	0,89%	4,78%
ENDESA	1,03%	0,22%	REE	1,07%	8,21%	INDITEX	1,05%	10,77%	IAG (IBERIA)	0,90%	4,53%
BBVA	1,03%	9,56%	IBERDROLA	1,07%	10,89%	MELIA	1,08%	16,46%	AMADEUS	0,90%	-23,97%
MAPFRE	1,03%	0,75%	BANKIA	1,08%	-8,78%	GRIFOLS	1,08%	3,30%	INDITEX	0,90%	-12,96%
ACERINOX	1,03%	-4,70%	REPSOL	1,11%	19,74%	BBVA	1,13%	-9,56%	ACS	0,95%	7,77%
BANKIA	1,06%	8,77%	INDITEX	1,14%	16,54%	SANTANDER	1,14%	-4,02%	CELLNEX	0,97%	1,06%
DIA	1,08%	-19,77%	IAG (IBERIA)	1,21%	9,19%	ACCIONA	1,16%	10,07%	ACERINOX	1,01%	29,75%
GRIFOLS	1,09%	-5,77%	ACCIONA	1,22%	9,68%	CAIXABANK	1,16%	1,60%	CAIXABANK	1,06%	19,80%
INDRA	1,16%	1,49%	MEDIASET	1,24%	-5,40%	CELLNEX	1,20%	5,00%	INDRA	1,10%	14,68%
MELIA	1,16%	-0,09%	TECNICAS	1,26%	15,01%	CIE	1,21%	6,65%	BBVA	1,12%	13,66%
MEDIASET	1,19%	11,65%	DIA	1,29%	27,54%	INDRA	1,25%	3,51%	BANKIA	1,15%	24,26%
COLONIAL	1,25%	13,53%	INDRA	1,32%	-8,71%	BANKIA	1,29%	5,30%	SABADELL	1,15%	-23,86%
ARCELORMITTAL	1,29%	5,06%	ACS	1,35%	9,64%	SIEMENS-GAMESA	1,30%	5,30%	SIEMENS-GAMESA	1,29%	-2,39%
CAIXABANK	1,32%	-0,51%	CELLNEX	1,35%	-0,41%	TECNICAS	1,31%	2,86%	TECNICAS	1,37%	19,50%
TECNICAS	1,50%	6,81%	GRIFOLS	1,38%	12,92%	MEDIASET	1,37%	6,20%	MEDIASET	1,54%	12,72%
SABADELL	1,57%	0,00%	ARCELORMITTAL	1,54%	2,85%	SABADELL	1,40%	6,34%	CIE	1,61%	20,47%
SIEMENS-GAMESA	2,17%	13,91%	SIEMENS-GAMESA	1,64%	11,60%	ARCELORMITTAL	1,53%	6,11%	ARCELORMITTAL	1,64%	-32,11%
						DIA	1,54%	-12,80%	DIA	2,51%	-77,00%
IBEX 35	0,66%	-4,92%	IBEX 35	0,89%	1,93%	IBEX 35	0,65%	-1,82%	IBEX 35	0,52%	-7,97%
IBEX Media 35	1,03%	-1,68%	IBEX Media 35	1,09%	2,71%	IBEX Media 35	1,04%	-0,54%	IBEX Media 35	0,99%	-11,90%
10 menos volátiles	0,75%	-0,21%	10 menos volátiles	0,88%	0,18%	10 menos volátiles	0,77%	0,57%	10 menos volátiles	0,60%	1,20%
10 menos volátiles no financieros		-1,43%	10 menos volátiles no financieros		3,75%	10 menos volátiles no financieros		1,98%	10 menos volátiles no financieros		1,28%
14 volatilidad media	0,99%	-6,04%	14 volatilidad media	1,04%	6,38%	15 volatilidad media	1,05%	-1,52%	15 volatilidad media	0,97%	-12,43%
10 más volátiles	1,37%	-0,39%	10 más volátiles	1,38%	6,16%	10 más volátiles	1,38%	-0,18%	10 más volátiles	1,49%	-24,27%

En los dos primeros trimestres no se ha tenido en cuenta Abertis porque fue objeto de una OPA en octubre de 2017).

En las tablas anteriores se observa que en los tres primeros trimestres, los diez valores menos volátiles lo hicieron más o menos igual que los diez más volátiles. Sin embargo, en el cuarto trimestre, que coincidió con la peor fase del ciclo bajista, la diferencia entre ambos grupos fue abrumadora: mientras que los menos volátiles ganaron un 1,78%, los más volátiles perdieron un 24,27%.

Volvió a producirse la típica relación inversa entre volatilidad y rentabilidad, pues la pérdida del grupo intermedio fue del 12,43%.

En ese cuarto trimestre, se observa que todos los valores de volatilidad media y todos los valores más volátiles acabaron con rentabilidad negativa, mientras que seis de los diez valores menos volátiles registraron ganancias.

En el conjunto del año, el IBEX 35 perdió un 11,51% y la media de referencia, un 12,39%, en ambos casos con dividendos incluidos. La cartera 10 Valores Menos Volátiles volvió a destacar ese año en términos de ventaja, mientras que el grupo de 10 valores más volátiles perdió un 24,58% debido casi en su totalidad a las accidentadas caídas de los valores de mayor riesgo en el cierre del año.

Indice / Selección	2018
IBEX 35	-11,51%
IBEX Media 35	-12,39%
10 menos volátiles	1,78%
10 menos volátiles no financieros	5,60%
15 volatilidad media	-13,81%
10 más volátiles	-24,58%

2.15. Año 2019

2019 fue alcista, si bien hubo una corrección intermedia de cuatro meses, entre abril y agosto, que supuso un retroceso del 11%. De hecho, el 15 de agosto el IBEX se situó en 8.519 puntos, no muy lejos del mínimo del ciclo bajista (8.363,9 puntos del 27 de diciembre de 2018).

Finalmente, el IBEX cerró con una ganancia del 16,57%, la cuarta más elevada desde 2006. No obstante, en esta ocasión el grupo de valores más volátiles no destacó como lo hizo en los mejores años del IBEX en el período considerado (2006, 2009 y 2013). Solo lo hizo en el cuarto trimestre, al ganar un 14,29%, pero eso no le permitió batir al mercado en el cómputo anual.

No hubo ningún banco entre los diez valores menos volátiles. La única entidad financiera presente fue Mapfre, en el primer y cuarto trimestres.

En 2019, las rentabilidades estuvieron bastante repartidas entre los diferentes grupos. La cartera 10 Valores Menos Volátiles ganó un 14,39%, algo menos que el mercado.

La cartera 10 Valores Menos Volátiles sin acciones financieras sí logró batir a las referencias del mercado, aunque por un estrecho margen.

El grupo que mejor lo hizo fue el intermedio, con un 17,81%. Sin embargo, si bien cabía esperar que este conjunto de valores de volatilidad media fuera aproximadamente igual de rentable que la media del mercado, en realidad fue tan poco rentable como el grupo más volátil. Desde diciembre de 2005, o sea en catorce años, el grupo intermedio solo acumulaba una rentabilidad del 15,07%, lo que supone justo un 1% anual, mientras que el grupo más volátil ganaba un total de un 5% (0,35% anual). En el mismo período, el IBEX 35 generaba un 72,04% (3,95% anual) y la cartera 10 Valores Menos Volátiles, un 256,59% (9,50% anual).

Indice / Selección	2019
IBEX 35	16,57%
IBEX Media 35	15,14%
10 menos volátiles	14,39%
10 menos volátiles no financieros	16,94%
15 volatilidad media	17,81%
10 más volátiles	12,15%

2.16. Año 2020

La tendencia alcista iniciada a principios de 2019 y que parecía haber cogido fuerza a partir de agosto, se vio truncada por la aparición de la pandemia causada por el virus covid-19. El 14 de marzo el gobierno español declaró el estado de alarma y ordenó un confinamiento estricto de toda la población durante dos semanas, que finalmente duraría hasta el 2 de mayo.

En el primer trimestre, los valores vinculados al turismo (Meliá Hotels, Amadeus, Aena, IAG). los cíclicos (Mediaset, Repsol, ArcelorMittal, Acerinox) y los bancos fueron los más perjudicados. Las eléctricas, especialmente Iberdrola y Red Eléctrica, aguantaron mejor.

Entre el 19 de febrero y el 16 de marzo, el IBEX 35 se desplomó un 39,43%, hasta los 6.107,2 puntos. Fue el nivel más bajo desde 2012 y uno de los más bajos desde 2003. A continuación subió un 21,95% hasta el 8 de junio pero volvió a retroceder un 18,8% hasta el 29 de octubre. Sin embargo, a esta corrección le siguió una fuerte recuperación del 29,81% hasta el 21 de diciembre.

2020 - Primer trimestre			2020 - Segundo trimestre			2020 - Tercer trimestre			2020 - Cuarto trimestre		
Valor	Volatilidad	Rentabilidad	Valor	Volatilidad	Rentabilidad	Valor	Volatilidad	Rentabilidad	Valor	Volatilidad	Rentabilidad
IBERDROLA	0,59%	0,15%	VISCOFAN	1,64%	18,50%	VISCOFAN	1,25%	-2,07%	REE	0,73%	4,68%
MERLIN	0,69%	-46,29%	INDITEX	1,76%	-0,38%	IBERDROLA	1,38%	4,09%	IBERDROLA	0,78%	11,32%
REE	0,69%	-7,24%	REE	1,78%	6,29%	ENDESA	1,46%	4,10%	VISCOFAN	0,84%	4,48%
NATURGY	0,71%	25,43%	ENDESA	1,83%	16,62%	REE	1,50%	3,65%	ENDESA	1,03%	0,96%
FERROVIAL	0,74%	18,91%	ENAGAS	1,86%	20,17%	GRIFOLS	1,64%	-9,05%	ENAGAS	1,24%	-5,37%
COLONIAL	0,76%	-23,94%	ACERINOX	1,96%	15,62%	SIEMENS GAMESA	1,65%	46,85%	NATURGY	1,30%	13,67%
ENDESA	0,77%	-18,16%	GRIFOLS	2,07%	-12,81%	NATURGY	1,71%	5,19%	CELLNEX	1,36%	5,47%
ACCIONA	0,78%	3,78%	NATURGY	2,09%	2,92%	ENAGAS	1,71%	-1,05%	ACCIONA	1,39%	25,75%
AMADEUS	0,79%	-39,89%	MERLIN	2,09%	9,55%	FERROVIAL	1,84%	-12,45%	INDITEX	1,42%	10,88%
AENA	0,82%	-41,63%	MAPFRE	2,27%	6,73%	CELLNEX	1,86%	3,16%	FERROVIAL	1,44%	9,88%
GRIFOLS	0,83%	1,17%	IBERDROLA	2,27%	14,92%	ACCIONA	1,98%	6,48%	ALMIRALL	1,50%	14,11%
ENAGAS	0,83%	-20,40%	FERROVIAL	2,28%	9,79%	ENCE	2,29%	-24,74%	INDRA	1,54%	14,80%
ACS	0,84%	-48,75%	BANKINTER	2,29%	27,25%	INDRA	2,32%	13,24%	GRIFOLS	1,59%	-2,23%
REPSOL	0,84%	-40,20%	MEDIASET	2,32%	2,66%	TELEFONICA	2,36%	10,82%	ACERINOX	1,61%	36,14%
MEDIASET	0,90%	-40,28%	TELEFONICA	2,39%	6,55%	ACERINOX	2,37%	-2,51%	COLONIAL	1,62%	13,74%
INDITEX	0,93%	-24,77%	REPSOL	2,44%	0,58%	AENA	2,42%	0,51%	AENA	1,63%	19,20%
TELEFONICA	0,96%	-33,27%	CELLNEX	2,46%	30,93%	MAPFRE	2,47%	-15,19%	MAPFRE	1,65%	22,39%
BBVA	0,98%	-41,37%	COLONIAL	2,58%	-9,26%	INDITEX	2,47%	6,98%	TELEFONICA	1,70%	17,14%
MAPFRE	1,04%	-33,30%	ENCE	2,56%	16,40%	COLONIAL	2,49%	-7,40%	MERLIN	1,77%	9,12%
VISCOFAN	1,14%	5,82%	BBVA	2,61%	10,27%	MERLIN	2,57%	3,39%	BANKINTER	1,87%	20,11%
MELIA	1,16%	-50,64%	SANTANDER	2,64%	-2,25%	CAIXABANK	2,62%	-4,74%	SIEMENS GAMESA	1,88%	43,31%
BANKINTER	1,17%	-47,36%	AENA	2,68%	19,27%	CIE	2,67%	5,63%	CIE	1,88%	36,76%
ACERINOX	1,19%	-38,31%	AMADEUS	2,74%	7,36%	AMADEUS	2,80%	2,61%	REPSOL	2,00%	69,27%
SANTANDER	1,23%	-40,48%	MASMOVIL	2,80%	58,78%	BANKINTER	2,93%	19,41%	ACS	2,05%	16,67%
MASMOVIL	1,27%	-29,70%	INDRA	2,82%	-6,67%	REPSOL	2,97%	-28,57%	AMADEUS	2,11%	25,15%
CIE	1,31%	-33,30%	CAIXABANK	2,83%	15,88%	SANTANDER	3,09%	-26,27%	ARCELORMITTAL	2,16%	67,40%
CELLNEX	1,34%	8,03%	ACCIONA	2,83%	-8,49%	ACS	3,10%	13,73%	CAIXABANK	2,19%	16,02%
SABADELL	1,35%	-54,81%	SIEMENS GAMESA	2,83%	14,93%	BANKIA	3,19%	30,53%	SANTANDER	2,26%	66,00%
CAIXABANK	1,42%	-30,29%	CIE	2,88%	11,10%	BBVA	3,28%	-22,55%	BBVA	2,34%	70,46%
INDRA	1,50%	-26,33%	BANKIA	3,02%	6,86%	MELIA	3,61%	-17,26%	BANKIA	2,52%	16,94%
SIEMENS GAMESA	1,58%	12,21%	ACS	3,16%	34,57%	SABADELL	3,76%	1,23%	SABADELL	2,71%	16,67%
BANKIA	1,58%	-40,22%	MELIA	3,20%	2,58%	ARCELORMITTAL	4,10%	21,58%	MELIA	2,89%	82,75%
ARCELORMITTAL	1,64%	-66,10%	SABADELL	3,27%	-29,79%	IAG (IBERIA)	4,64%	-29,10%	PHARMA-MAR	3,57%	-34,24%
ENCE	2,01%	-44,62%	ARCELORMITTAL	3,39%	8,23%	ALMIRALL	2,12%	-16,73%	IAG (IBERIA)	4,75%	73,79%
	2,11%	31,88%	IAG (IBERIA)	4,11%	0,41%						
IBEX 35	0,84%	-28,60%	IBEX 35	0,84%	8,03%	IBEX 35	0,84%	-4,63%	IBEX 35	0,84%	21,20%
IBEX Medio 35	1,10%	-29,99%	IBEX Medio 35	2,54%	8,59%	IBEX Medio 35	2,49%	-4,92%	IBEX Medio 35	1,86%	23,67%
10 menos volátiles	0,73%	-21,61%	10 menos volátiles	1,93%	8,32%	10 menos volátiles	1,60%	3,11%	10 menos volátiles	1,15%	7,08%
10 menos volátiles no financieros		-21,81%	10 menos volátiles no financieros		9,14%	10 menos volátiles no financieros		3,11%	10 menos volátiles no financieros		7,08%
15 volatilidad media	1,00%	-32,31%	10 volatilidad media	2,50%	23,34%	14 volatilidad media	2,47%	-7,08%	14 volatilidad media	1,74%	23,86%
10 más volátiles	1,50%	-34,08%	10 más volátiles	3,02%	3,03%	10 más volátiles	3,52%	-10,35%	10 más volátiles	2,75%	39,09%

Los valores menos volátiles lo hicieron mejor que el mercado en los tres primeros trimestres, que fueron los de mayor inestabilidad. En cambio, en el cuarto, en el que hubo una fuerte recuperación, los mejores, con diferencia, fueron los diez más volátiles, que ganaron un 40%, casi el doble que el índice.

A pesar de la espectacular revalorización de los valores más volátiles en el cuarto trimestre, el balance anual de este grupo fue de una pérdida del 14,74%, algo superior a la del mercado. En cambio, los valores menos volátiles perdieron la mitad que el IBEX 35 (6,48% vs. 12,70%).

En el cuadro se observa que la relación entre la volatilidad y la rentabilidad volvió a ser claramente inversa.

Indice / Selección	2020
IBEX 35	-12,70%
IBEX Media 35	-10,61%
10 menos volátiles	-6,48%
10 menos volátiles no financieros	-5,78%
15 volatilidad media	-11,70%
10 más volátiles	-14,74%

2.17. Año 2021

En el primer trimestre, continuó la espectacular revalorización de los diez valores más volátiles iniciada en el cuarto trimestre de 2020. La rentabilidad de este grupo fue del 20,64%, frente al 6,68% del IBEX 35 y solo el 2,02% de los valores menos volátiles.

El año 2016 fue el último en el que los valores de mayor riesgo batieron claramente al IBEX 35. Eso mismo había ocurrido en 2006, 2009 y 2013, o sea con una frecuencia aproximada de cada tres años. En 2019 o 2020 se hubiera podido esperar un ejercicio similar, pero esa ventaja extraordinaria se dio en un período que abarcó solo dos trimestres, y de años distintos: entre octubre de 2020 y marzo de 2021. En esos seis meses, dicho grupo de valores ganó un 68,88%, frente al 34,13% del IBEX 35 y solo el 9,24% del grupo menos volátil.

En cambio, en los tres trimestres siguientes, el grupo menos volátil ganó un 15%, frente al 3,8% del IBEX 35 y la pérdida del 7,7% del grupo más volátil.

2021 - Primer trimestre			2021 - Segundo trimestre			2021 - Tercer trimestre			2021 - Cuarto trimestre		
Valor	Volatilidad	Rentabilidad	Valor	Volatilidad	Rentabilidad	Valor	Volatilidad	Rentabilidad	Valor	Volatilidad	Rentabilidad
IBERDROLA	0,79%	4,63%	IBERDROLA	0,78%	-4,46%	NATURGY	0,47%	1,71%	NATURGY	0,52%	23,47%
REE	0,91%	4,31%	REE	0,92%	6,53%	VISCOFAN	0,65%	-3,83%	VISCOFAN	0,70%	3,09%
ENDESA	1,08%	0,94%	ENDESA	1,08%	3,49%	REE	0,79%	10,54%	REE	0,78%	9,88%
ENAGAS	1,14%	1,06%	ENAGAS	1,15%	5,24%	IBERDROLA	0,92%	-13,09%	ENAGAS	0,82%	9,70%
VISCOFAN	1,17%	1,46%	VISCOFAN	1,15%	0,12%	ALMIRALL	0,96%	-6,73%	IBERDROLA	0,90%	19,33%
NATURGY	1,38%	13,35%	NATURGY	1,37%	3,73%	MAPFRE	0,97%	6,18%	TELEFÓNICA	0,98%	-1,28%
CIE	1,41%	2,31%	GRIFOLS	1,42%	3,92%	ACS	0,98%	3,81%	FERROVIAL	1,06%	10,44%
GRIFOLS	1,43%	6,40%	INDITEX	1,46%	6,98%	COLONIAL	1,04%	0,94%	MAPFRE	1,10%	-1,03%
ALMIRALL	1,66%	18,41%	ALMIRALL	1,47%	15,20%	FERROVIAL	1,06%	1,94%	GRIFOLS	1,13%	15,92%
CELLNEX	1,46%	-0,04%	CELLNEX	1,48%	16,82%	ACERINOX	1,12%	8,83%	ENDESA	1,13%	18,83%
INDITEX	1,48%	7,90%	FERROVIAL	1,49%	12,22%	CELLNEX	1,13%	-0,75%	ACS	1,14%	0,51%
FERROVIAL	1,48%	-1,64%	CIE	1,50%	11,83%	BANKINTER	1,14%	22,72%	INDITEX	1,16%	9,26%
ACCIONA	1,64%	22,45%	ACCIONA	1,62%	-10,82%	GRIFOLS	1,19%	-7,71%	CIE	1,18%	25,62%
ACERINOX	1,64%	23,26%	ACERINOX	1,62%	-3,95%	CAIXABANK	1,20%	1,47%	AENA	1,18%	7,03%
SIEMENS GAMESA	1,67%	-0,27%	SIEMENS GAMESA	1,66%	-14,67%	BBVA	1,24%	9,37%	CELLNEX	1,20%	3,92%
ARCELORMITTAL	1,77%	29,72%	ARCELORMITTAL	1,75%	5,81%	SANTANDER	1,29%	2,48%	ACCIONA	1,23%	17,39%
MAPFRE	1,79%	15,95%	FLUIDRA	1,78%	17,37%	FLUIDRA	1,31%	19,57%	COLONIAL	1,31%	1,55%
INDRA	1,80%	7,45%	INDRA	1,78%	2,67%	AENA	1,32%	7,95%	ALMIRALL	1,35%	-17,64%
MERLIN	1,85%	12,08%	MAPFRE	1,90%	4,25%	INDRA	1,50%	20,52%	BANKINTER	1,36%	16,07%
COLONIAL	1,87%	2,86%	MERLIN	1,85%	3,67%	CIE	1,50%	11,74%	MERLIN	1,38%	7,89%
AENA	1,89%	2,74%	AENA	1,88%	0,00%	FLUIDRA	1,66%	3,59%	REPSOL	1,39%	-7,61%
BANKIA	2,00%	20,00%	COLONIAL	1,88%	3,15%	MELIA	1,80%	3,04%	ACERINOX	1,39%	2,73%
CAIXABANK	2,02%	25,71%	CAIXABANK	2,00%	-0,68%	SABADELL	1,83%	28,07%	INDRA	1,40%	2,59%
SOLARIA	2,08%	23,52%	TELEFÓNICA	2,18%	8,32%	AMADEUS	2,17%	1,68%	CAIXABANK	1,48%	10,07%
TELEFÓNICA	2,17%	17,54%	AMADEUS	2,29%	-1,76%	SIEMENS GAMESA	2,21%	-21,80%	BBVA	1,54%	-6,82%
AMADEUS	2,19%	1,38%	BANKINTER	2,34%	28,38%	SOLARIA	2,53%	10,26%	SANTANDER	1,57%	-4,82%
BANKINTER	2,37%	35,06%	ACS	2,39%	16,57%	ENDESA	2,55%	14,86%	AMADEUS	1,64%	4,85%
ACS	2,40%	5,75%	BBVA	2,42%	19,39%	MERLIN	2,56%	1,49%	PHARMA MAR	1,64%	23,84%
BBVA	2,43%	9,65%	SANTANDER	2,54%	11,98%	TELEFÓNICA	2,61%	2,79%	SIEMENS GAMESA	1,64%	-4,31%
SANTANDER	2,60%	14,11%	REPSOL	2,63%	-0,06%	INDITEX	2,66%	7,10%	FLUIDRA	1,68%	3,06%
REPSOL	2,80%	28,30%	PHARMA MAR	2,87%	24,34%	REPSOL	2,88%	9,95%	MELIA	1,80%	6,69%
PHARMA MAR	2,88%	39,37%	MELIA	2,89%	1,58%	AMADEUS	2,93%	-4,11%	ARCELORMITTAL	1,92%	7,38%
MELIA	2,90%	10,84%	IAG (IBERIA)	3,57%	-13,68%	ARCELORMITTAL	3,26%	2,05%	SABADELL	1,94%	19,18%
IAG (IBERIA)	3,58%	30,73%	SABADELL	3,58%	13,91%	IAG	3,34%	2,97%	SOLARIA	1,95%	25,15%
SABADELL	3,61%	31,43%	SOLARIA	3,65%	15,71%	PHARMA MAR	3,52%	-1,82%	IAG	2,38%	-18,21%
IBEX 35	1,13%	6,68%	IBEX 35	1,51%	3,82%	IBEX 35	0,64%	6,30%	IBEX 35	0,81%	-0,27%
IBEX Media 35	1,72%	10,84%	IBEX Media 35	1,95%	1,82%	IBEX Media 35	1,72%	2,26%	IBEX Media 35	1,34%	0,85%
10 menos volátiles		2,02%	10 menos volátiles	1,23%	5,08%	10 menos volátiles	0,90%	1,08%	10 menos volátiles	0,91%	8,32%
10 menos volátiles no financieros		2,02%	10 menos volátiles no financieros		1,08%	10 menos volátiles no financieros		0,33%	10 menos volátiles no financieros		6,47%
15 volatilidad media	1,78%	10,18%	14 volatilidad media	1,77%	4,21%	14 volatilidad media	1,45%	6,81%	14 volatilidad media	1,30%	-0,74%
10 más volátiles	2,53%	20,64%	10 más volátiles	2,75%	-2,91%	10 más volátiles	3,76%	-4,47%	10 más volátiles	1,73%	-2,48%

En el balance anual, el grupo de valores menos volátiles batió al IBEX 35 en cerca de siete puntos, a pesar de su discreto comportamiento a lo largo de cada trimestre. El grupo más volátil solo acumuló una rentabilidad del 11,40% a pesar de un gran primer trimestre, si bien superó ligeramente al índice.

Indice / Selección	2021
IBEX 35	10,78%
IBEX Media 35	16,38%
10 menos volátiles	17,32%
10 menos volátiles no financieros	16,68%
15 volatilidad media	21,72%
10 más volátiles	11,40%

En los 16 años transcurridos desde el inicio del estudio (diciembre de 2005), el IBEX 35 con dividendos ganó un 66,40% (3,23% anual). La rentabilidad media de los 35 valores fue similar, del 3,33% anual.

La cartera 10 Valores Menos Volátiles se revalorizó un total de 291,23% (8,90% anual) y su variante sin acciones financieras, un 370,69% anual (10,16% anual). El grupo intermedio generó un 23,67% anual (1,33% anual). El grupo de valores más volátiles pasó de un índice 100 en diciembre de 2005 a un índice 99,80 en diciembre de 2021, es decir no tuvo revalorización alguna..

2.18. Año 2022 (hasta el 30 de junio)

Las tablas siguientes indican los resultados de los dos primeros trimestres del año. La tercera indica únicamente las volatilidades en el segundo trimestre (que son las que se tienen en cuenta para el cálculo de las rentabilidades de cada grupo en el tercer trimestre), ya que en el momento de escribir estas líneas, el tercer trimestre no había concluido aún.

El primer trimestre estuvo marcado por el comienzo de la invasión rusa en Ucrania, que tuvo lugar el 24 de febrero. Al igual que la pandemia de 2020, esta circunstancia truncó la recuperación que se había iniciado a finales de 2020. El 10 de febrero de 2022 el IBEX 35 acumulaba una subida del 38,6% desde el 29 de octubre de 2020 (y del 45,5% desde el mínimo de 2020, que fue el 16 de marzo). Pero el conflicto armado provocó una corrección del 14% hasta el 7 de marzo.

Tanto en el primero como el segundo trimestre, el grupo de diez valores menos volátiles lo hizo mejor que el mercado.

2022 - Primer trimestre			2022 - Segundo trimestre			2022 - Tercer trimestre			2022 - Cuarto trimestre		
Valor	Volatilidad	Rentabilidad	Valor	Volatilidad	Rentabilidad	Valor	Volatilidad	Rentabilidad	Valor	Volatilidad	Rentabilidad
REE	0,69%	0,71%	ENAGAS	0,92%	4,57%	ACCIONA	1,39%				
ENAGAS	0,79%	1,23%	TELEFÓNICA	1,05%	14,08%	ACCIONA ENERGIA	1,62%				
ENDESA	1,02%	-2,11%	REE	1,10%	9,74%	ACERINOX	1,94%				
COLONIAL	1,02%	-0,12%	COLONIAL	1,29%	-25,85%	ACS	1,16%				
ACCIONA	1,10%	9,21%	ENDESA	1,35%	-4,21%	AENA	1,38%				
MAPFRE	1,11%	4,97%	MAPFRE	1,35%	-7,07%	AMADEUS	1,55%				
NATURGY	1,12%	-3,93%	IBERDROLA	1,37%	-0,20%	ARCELORMITTAL	2,25%				
IBERDROLA	1,12%	-3,09%	ACS	1,43%	-5,59%	BANKINTER	1,74%				
MERLIN	1,16%	10,60%	FERROVIAL	1,47%	1,40%	BBVA	1,83%				
AENA	1,16%	6,69%	REPSOL	1,55%	17,87%	CAIXABANK	1,75%				
FERROVIAL	1,21%	12,45%	NATURGY	1,58%	1,14%	CELLNEX	1,69%				
ACS	1,22%	5,93%	MERLIN	1,58%	12,67%	COLONIAL	1,62%				
CAIXABANK	1,25%	27,80%	AENA	1,64%	19,71%	ENAGAS	1,16%				
CELLNEX	1,26%	14,03%	ALMIRALL	1,65%	-4,63%	ENDESA	1,30%				
REPSOL	1,26%	17,05%	CELLNEX	1,68%	15,24%	FERROVIAL	1,19%				
ALMIRALL	1,28%	2,04%	INDITEX	1,72%	11,50%	FLUIDRA	2,29%				
BANKINTER	1,29%	19,26%	ACCIONA	1,75%	1,15%	GRIFOLS	2,32%				
TELEFÓNICA	1,30%	14,03%	BBVA	1,83%	-13,48%	IAG	2,39%				
SANTANDER	1,33%	5,44%	AMADEUS	1,95%	-10,17%	IBERDROLA	1,42%				
INDRA	1,36%	6,03%	CIE	1,99%	14,92%	INDITEX	1,50%				
ACERINOX	1,38%	12,38%	SANTANDER	2,00%	11,56%	INDRA	1,58%				
CIE	1,80%	-23,17%	ROVI	2,03%	-13,10%	MAPFRE	1,10%				
GRIFOLS	1,40%	-2,27%	MELIA	2,05%	11,03%	MELIA	2,12%				
ROVI	1,52%	-8,84%	ACERINOX	2,11%	7,41%	MERLIN	1,26%				
INDITEX	1,54%	30,67%	CAIXABANK	2,14%	12,54%	NATURGY	1,45%				
SABADELL	1,56%	12,29%	BANKINTER	2,19%	11,84%	PHARMA MAR	3,93%				
BBVA	1,58%	-0,76%	FLUIDRA	2,27%	-26,46%	REE	1,27%				
AMADEUS	1,61%	-0,77%	INDRA	2,29%	-9,60%	REPSOL	1,80%				
PHARMA MAR	1,63%	19,99%	GRIFOLS	2,31%	9,47%	ROVI	1,85%				
FLUIDRA	1,65%	-25,28%	PHARMA MAR	2,55%	1,68%	SABADELL	2,28%				
ARCELORMITTAL	2,07%	3,24%	ARCELORMITTAL	2,55%	-25,29%	SACYR	1,80%				
MELIA	2,07%	13,50%	SOLARIA	2,59%	-0,88%	SANTANDER	1,82%				
SOLARIA	2,08%	19,33%	IAG	1,82%	-25,60%	SIEMENS GAMESA	1,81%				
SIEMENS GAMESA	2,23%	-24,16%	SABADELL	2,34%	1,33%	SOLARIA	2,31%				
IAG	2,32%	-1,18%	SIEMENS GAMESA	2,99%	12,58%	TELEFÓNICA	1,14%				
IBEX 35	0,85%	-2,64%	IBEX 35	1,10%	-2,70%	IBEX 35	1,00%		IBEX 35		
IBEX Media 35	1,40%	1,32%	IBEX Media 35	1,85%	3,99%	IBEX Media 35	1,58%		IBEX Media 35		
10 menos volátiles	1,03%	1,70%	10 menos volátiles	1,29%	-0,43%	10 menos volátiles	1,66%		10 menos volátiles		
10 menos volátiles no financieros		-0,04%	10 menos volátiles no financieros		0,40%	10 menos volátiles no financieros			10 menos volátiles no financieros		
15 volatilidad media	1,33%	-0,46%	14 volatilidad media	1,82%	-6,40%	14 volatilidad media	1,92%		14 volatilidad media		
10 más volátiles	1,80%	3,61%	10 más volátiles	2,47%	-5,43%	10 más volátiles	1,84%		10 más volátiles		

El balance del primer semestre de 2022 fue favorable a la cartera 10 Valores Menos Volátiles, que ganó un 1,27% a pesar de la incertidumbre política y económica generada por la ocupación militar de Rusia en el este y el sur de Ucrania. Este resultado fue 6,54 puntos mejor que el del IBEX 35, que se dejó un 5,27%.

Contrariamente a lo ocurrido en otras situaciones de inestabilidad, el grupo de valores más volátiles lo hizo mejor que el índice, al perder tres puntos menos que el IBEX 35.

Indice / Selección	2022 (6 meses)
IBEX 35	-5,27%
IBEX Media 35	-2,62%
10 menos volátiles	1,27%
10 menos volátiles no financieros	0,35%
15 volatilidad media	-6,83%
10 más volátiles	-2,01%

2.19. Seguimiento de la cartera 10 Valores Menos Volátiles

Esta cartera puede seguirse diariamente en el blog Invesgrama (www.invesgrama.com). Para encontrarla, se puede escribir en Google o cualquier otro buscador de Internet: valores menos volátiles invesgrama.

En Invesgrama, la cartera incluye entidades financieras y tiene la estructura que se indica a continuación. Por ejemplo, en el primer trimestre de 2019, la cartera ganó un 10,00% con dividendos, mientras que la rentabilidad media de los 35 valores del IBEX fue del 9,22%.

CARTERA VALORES MENOS VOLATILES				
Acciones	Precio		Dividendos	Rentabilidad
	31/12/2018	31/03/2019		
REE	19,50	19,00	0,27	-1,17%
IBERDROLA	7,02	7,83	0,15	13,69%
AENA	135,75	160,50		18,23%
ENDESA	20,13	22,74		12,97%
MAPFRE	2,32	2,46		6,03%
COLONIAL	8,14	9,16		12,53%
FERROVIAL	17,70	20,88		17,97%
MERLIN	10,79	11,67		8,16%
ENAGAS	23,61	25,94		9,87%
TELEFONICA	7,34	7,47		1,77%
Cartera				10,00%
Media 35 IBEX				9,22%
Ventaja				0,78%

3. La relación rentabilidad-riesgo al descubierto

3.1. Resumen del período 2006-2022

El siguiente cuadro resume las rentabilidades anuales de las referencias del mercado y de las selecciones de valores basadas en la volatilidad, en el período de enero de 2006 a junio de 2022 (16,5 años), con actualizaciones trimestrales.

Se observa que la **cartera 10 Valores Menos Volátiles** ganó una media del 8,70% anual, frente al 2,80% anual del IBEX 35 con dividendos, una diferencia de 5,90 puntos anuales. Por tanto, el menor riesgo fue recompensado con una mayor rentabilidad.

En cambio, el grupo de 15 valores con volatilidad media solo ganó un 0,86% anual y el grupo de 10 valores más volátiles perdió un 0,14% anual.

Año	IBEX 35 con dividendos	Media 35 valores	10 Menos Volátiles		15 volatilidad media	10 más volátiles
			Todos	Sin financieros		
2006	36,04%	39,00%	36,66%	36,81%	33,24%	54,27%
2007	10,71%	-0,41%	9,23%	19,13%	-5,76%	-3,70%
2008	-36,50%	-37,18%	-25,39%	-28,66%	-35,68%	-50,03%
2009	38,28%	32,56%	16,09%	17,92%	32,74%	55,01%
2010	-12,93%	-9,52%	-2,67%	-3,91%	-13,49%	-10,99%
2011	-7,75%	-4,74%	2,61%	2,05%	-2,55%	-16,65%
2012	2,78%	-2,30%	19,92%	30,16%	-8,96%	-12,24%
2013	27,75%	39,51%	33,73%	33,73%	27,84%	60,93%
2014	8,61%	7,68%	16,18%	16,41%	7,69%	-1,28%
2015	-3,55%	-3,40%	6,85%	9,75%	-2,70%	-16,04%
2016	2,60%	4,79%	-0,49%	-1,42%	-3,89%	22,75%
2017	11,25%	9,06%	19,74%	17,63%	6,96%	1,26%
2018	-11,51%	-12,39%	1,78%	5,60%	-13,81%	-24,58%
2019	16,57%	15,14%	14,39%	16,94%	17,81%	12,15%
2020	-12,70%	-10,61%	-6,48%	-5,78%	-11,70%	-14,74%
2021	10,78%	16,38%	17,32%	16,68%	21,72%	11,40%
2022 (6 meses)	-5,27%	-2,62%	1,27%	0,35%	-6,83%	-2,01%
2006 - jun. 2022	2,80%	3,06%	8,70%	9,87%	0,86%	-0,14%
2006 - 2013	4,25%	3,86%	9,53%	11,21%	0,64%	2,37%
2014 - jun. 2022	1,45%	2,31%	7,93%	8,61%	1,08%	-2,43%

Al excluir entidades financieras, se logró mejorar la rentabilidad de los valores menos volátiles: la **cartera 10 Valores Menos Volátiles sin entidades financieras** ganó un 9,87% anual.

Si dividimos el período indicado en dos subperíodos, el primero de ocho años (2006 a 2013) y el segundo de ocho años y medio (2014 a junio de 2022), vemos que los resultados fueron similares en ambos: una clara diferencia a favor de los valores menos volátiles, tanto respecto al mercado como a los otros dos grupos.

En la tabla anterior, se puede apreciar que el perfil de riesgo del grupo de valores menos volátiles fue mucho mejor que el del mercado.

En este sentido, se pueden destacar los siguientes hechos en relación con la cartera 10 Valores Menos Volátiles:

* Solo perdió cuatro años en el período 2006-2021, o sea uno de cada cuatro, y en dos de ellos, la pérdida fue inferior al 3%.
* Solo en un año perdió más de un 10%.
* La pérdida anual máxima fue del 25,39% (2018).

En cambio, el IBEX 35:
* Generó resultados negativos en seis años.
* Tuvo pérdidas de más del 10% en cuatro ejercicios.
* La pérdida anual máxima fue del 36,50% (2018).

En cuanto al **grupo de diez valores más volátiles**, puede observarse que en 2006, 2009, 2013 y 2016 fue excepcionalmente rentable, al batir al mercado en más de 15 puntos (33 puntos en 2013). Pero del resto de años del período, nueve arrojaron pérdidas y solo tres, ganancias. Es decir, sobre un total de 16 años, solo siete fueron positivos. En seis años la pérdida superó el 10%, alcanzando el 50% en 2008. A pesar de los cuatro ejercicios espectaculares indicados, el balance fue una rentabilidad media negativa del 0,14% anual.

El **grupo intermedio** tuvo una evolución bastante similar a la del propio índice. Solo en 2007, 2012 y 2021 el diferencial de rentabilidad fue superior al 7%.

En este sentido, se puede afirmar que los valores menos volátiles lideran el mercado, pues son los principales responsables de la rentabilidad positiva del índice.

La tabla siguiente indica las rentabilidades acumuladas partiendo de 100 puntos en diciembre de 2005. Se aprecia que el IBEX 35 con dividendos alcanzó 157,63 puntos al final del período. La cartera 10 Valores Menos Volátiles, en cambio, llegó a los 396,18 puntos (472,34 puntos sin acciones financieras). Los quince valores de volatilidad media pasaron de 100 a 115,22 puntos, y los diez más volátiles, de 100 a 97,79 puntos.

Estos datos no incluyen impuestos ni comisiones pero nos sirven para evaluar la eficacia de las estrategias propuestas. En el capítulo 6, se evaluará el impacto de los impuestos sobre los dividendos y las plusvalías y de las comisiones.

Fecha	IBEX 35 con dividendos	Media 35 valores	10 Menos Volátiles		15 volatilidad media	10 más volátiles
			Todos	Sin financieros		
31 dic. 2005	100,00	100,00	100,00	100,00	100,00	100,00
31 dic. 2006	136,04	139,00	136,66	136,81	133,24	154,27
31 dic. 2007	150,62	138,42	149,27	162,98	125,57	148,57
31 dic. 2008	95,65	86,95	111,37	116,27	80,76	74,24
31 dic. 2009	132,26	115,26	129,29	137,10	107,21	115,08
31 dic. 2010	115,16	104,30	125,85	131,75	92,75	102,44
31 dic. 2011	106,24	99,35	129,13	134,45	90,39	85,38
31 dic. 2012	109,19	97,06	154,85	174,99	82,29	74,93
31 dic. 2013	139,49	135,40	207,09	234,02	105,19	120,58
31 dic. 2014	151,49	145,80	240,59	272,41	113,29	119,04
31 dic. 2015	146,12	140,84	257,07	298,99	110,23	99,94
31 dic. 2016	149,91	147,59	255,80	294,73	105,94	122,67
31 dic. 2017	166,78	160,95	306,30	346,68	113,31	124,22
31 dic. 2018	147,58	141,00	311,74	366,11	97,67	93,69
31 dic. 2019	172,04	162,35	356,59	428,14	115,07	105,08
31 dic. 2020	150,20	145,13	333,47	403,41	101,60	89,59
31 dic. 2021	166,40	168,90	391,23	470,69	123,67	99,80
30 jun. 2022	157,63	164,47	396,18	472,34	115,22	97,79

La cartera 10 Valores Menos Volátiles batió al IBEX 35 con dividendos en 12 de los 16 años del período 2006-2021, es decir en tres de cada cuatro años. En los años en que tuvo desventaja, solo en uno (2009) fue significativa, del 22%.

La ventaja media fue de un 5,90% anual a lo largo de un período de 16,5 años, muy significativa. Además, ha sido bastante consistente a lo largo del tiempo: en el primer subperíodo (2006-2013) fue del 5,28% anual, y en el segundo (2014-junio de 2022), del 6,48% anual.

La ventaja respecto a la rentabilidad media de los 35 valores del índice fue aún más consistente: fue del 5,67% anual en el primer subperíodo y del 5,62% anual en el segundo.

Se da la circunstancia de que en todos los años en que el IBEX 35 tuvo rentabilidad negativa (2008, 2010, 2011, 2015, 2018 y 2020), la cartera lo hizo en torno a un 10% mejor, como se aprecia en la tabla siguiente.

Año	Ventaja 10 Menos Volátiles			
	Respecto IBEX 35 con dividendos		Respecto media 35 valores	
	Todos	Sin financieros	Todos	Sin financieros
2006	0,61%	0,76%	-2,34%	-2,19%
2007	-1,49%	8,42%	9,64%	19,55%
2008	11,11%	7,84%	11,79%	8,52%
2009	-22,19%	-20,36%	-16,46%	-14,64%
2010	10,26%	9,02%	6,85%	5,61%
2011	10,36%	9,80%	7,35%	6,79%
2012	17,14%	27,38%	22,22%	32,46%
2013	5,99%	5,99%	-5,77%	-5,77%
2014	7,57%	7,80%	8,50%	8,73%
2015	10,39%	13,30%	10,25%	13,16%
2016	-3,09%	-4,02%	-5,28%	-6,22%
2017	8,49%	6,38%	10,68%	8,57%
2018	13,29%	17,11%	14,17%	18,00%
2019	-2,19%	0,37%	-0,75%	1,81%
2020	6,21%	6,92%	4,12%	4,83%
2021	6,54%	5,89%	0,94%	0,29%
2022 (6 meses)	6,53%	5,62%	3,89%	2,97%
2006 - jun. 2022	5,91%	7,07%	5,64%	6,80%
2006 - 2013	5,28%	6,97%	5,67%	7,35%
2014 - jun. 2022	6,48%	7,16%	5,62%	6,30%

La cartera 10 Valores Menos Volátiles sin entidades financieras presentó una ventaja todavía superior, del 7,07% anual, con gran una consistencia: 6,97% anual en el primer subperíodo y 7,16% anual en el segundo.

El gráfico muestra la evolución por trimestres desde el 31 de diciembre de 2009 hasta el 31 de diciembre de 2021 de la cartera 10 Valores Menos Volátiles (línea superior), del IBEX 35 con dividendos y de los 10 valores más volátiles (línea inferior).

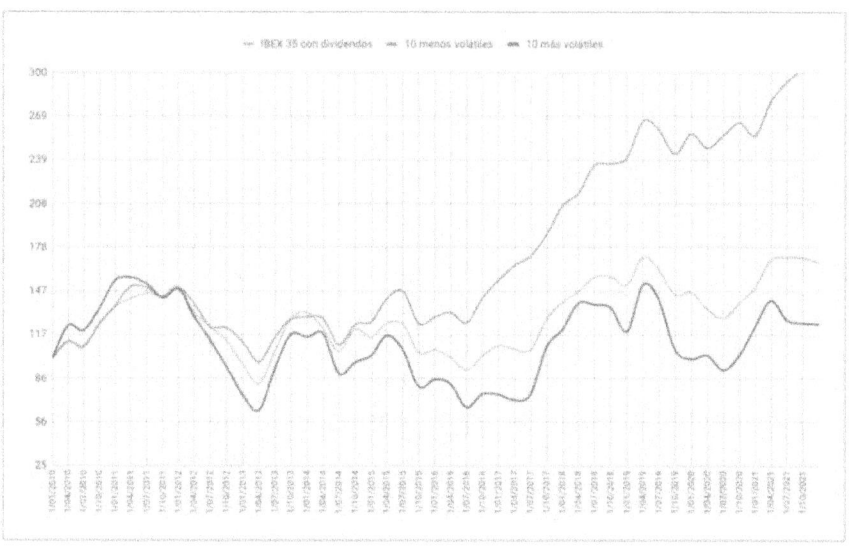

Se aprecia que los valores menos volátiles muestran menores oscilaciones y en ocasiones logran esquivar la tendencia bajista.

En cambio, los valores más volátiles siguen una tendencia similar a la del mercado pero se van quedando rezagados. Se observa que la espectacular rentabilidad del 95,5% entre el 31 de marzo de 2013 y el 31 de marzo de 2014 logra reducir la distancia de este conjunto de valores respecto al mercado, pero apenas tiene un efecto destacable en el gráfico. Algo similar ocurre entre el 30 de junio de 2016 y el 31 de marzo de 2017, cuando la rentabilidad de los valores más volátiles fue del 52,8%: se observa cómo la línea que representa este conjunto de valores se acerca a la que representa al IBEX 35 pero sin llegar a superarla.

3.2. Rentabilidad trimestral según la volatilidad

Las dos tablas siguientes resumen la rentabilidad por trimestres y años de cada grupo de valores del IBEX 35 según su volatilidad, entre 2006 y 2021 (16 años). Se ha encuadrado en blanco los trimestres con pérdidas (incluyendo dividendos) del 7% o más. Vemos que sobre un total de 64 trimestres, el IBEX 35 tuvo trece trimestres con pérdidas del 7% o más, y la media de referencia, once.

Año	Período	IBEX 35 con dividendos	Media 35 valores	10 Menos Volátiles		15 volatilidad media	10 más volátiles
				Todos	Sin financieros		
2006	Enero-Marzo	11,18%	14,07%	12,27%	7,57%	9,35%	22,95%
	Abril-Junio	-1,64%	-3,04%	-3,96%	-4,16%	-2,86%	-2,66%
	Julio-Septiembre	13,04%	13,18%	15,47%	18,88%	13,72%	12,65%
	Octubre-Diciembre	10,05%	11,04%	9,76%	11,63%	10,30%	14,43%
	Enero - Diciembre	**36,04%**	**39,00%**	**36,66%**	**36,81%**	**33,24%**	**54,27%**
2007	Enero-Marzo	4,20%	6,73%	9,98%	9,99%	7,98%	1,60%
	Abril-Junio	2,59%	-1,05%	-0,61%	4,36%	-0,05%	-3,01%
	Julio-Septiembre	-1,24%	-5,48%	-4,46%	1,25%	-6,07%	-6,36%
	Octubre-Diciembre	4,87%	-0,23%	4,59%	2,51%	-7,04%	4,37%
	Enero - Diciembre	**10,71%**	**-0,41%**	**9,23%**	**19,13%**	**-5,76%**	**-3,70%**
2008	Enero-Marzo	-11,95%	-10,00%	-7,13%	-6,73%	-10,71%	-12,77%
	Abril-Junio	-8,05%	-9,49%	-11,70%	-10,19%	-6,21%	-12,82%
	Julio-Septiembre	-7,67%	-10,38%	-0,65%	-5,29%	-10,84%	-16,53%
	Octubre-Diciembre	-15,05%	-13,95%	-8,43%	-10,08%	-13,86%	-21,29%
	Enero - Diciembre	**-36,50%**	**-37,18%**	**-25,39%**	**-28,66%**	**-35,68%**	**-50,03%**
2009	Enero-Marzo	-13,85%	-14,23%	-12,20%	-11,11%	-17,10%	-14,00%
	Abril-Junio	27,83%	29,40%	17,69%	18,34%	31,88%	46,29%
	Julio-Septiembre	21,66%	20,75%	10,66%	10,40%	24,51%	25,20%
	Octubre-Diciembre	3,21%	-1,09%	1,53%	1,53%	-2,49%	-1,60%
	Enero - Diciembre	**38,28%**	**32,56%**	**16,09%**	**17,92%**	**32,74%**	**55,01%**
2010	Enero-Marzo	-8,54%	-2,42%	-0,93%	-2,19%	-6,54%	2,26%
	Abril-Junio	-12,97%	-17,01%	-14,30%	-14,30%	-14,23%	-23,89%
	Julio-Septiembre	14,70%	11,58%	12,91%	12,91%	12,54%	8,82%
	Octubre-Diciembre	-4,63%	0,13%	1,53%	1,53%	-4,11%	5,10%
	Enero - Diciembre	**-12,93%**	**-9,52%**	**-2,67%**	**-3,91%**	**-13,49%**	**-10,99%**
2011	Enero-Marzo	8,18%	12,96%	12,65%	12,65%	12,86%	13,41%
	Abril-Junio	-0,12%	-2,11%	3,81%	3,81%	-1,89%	-8,35%
	Julio-Septiembre	-16,28%	-17,52%	-15,40%	-14,81%	-15,17%	-24,52%
	Octubre-Diciembre	1,99%	4,44%	3,71%	2,44%	3,74%	6,23%
	Enero - Diciembre	**-7,74%**	**-4,74%**	**2,61%**	**2,05%**	**-2,55%**	**-16,65%**
2012	Enero-Marzo	-5,32%	-4,89%	2,44%	5,44%	-10,12%	-3,84%
	Abril-Junio	-8,34%	-13,42%	-5,48%	-0,33%	-14,38%	-19,82%
	Julio-Septiembre	10,35%	12,63%	13,77%	13,77%	10,78%	14,26%
	Octubre-Diciembre	7,32%	5,33%	8,86%	8,86%	6,79%	-0,39%
	Enero - Diciembre	**2,78%**	**-2,30%**	**19,92%**	**30,16%**	**-8,96%**	**-12,24%**
2013	Enero-Marzo	-2,01%	0,25%	6,59%	6,59%	-0,38%	-5,23%
	Abril-Junio	-0,77%	2,80%	3,98%	3,98%	-0,12%	5,70%
	Julio-Septiembre	20,18%	22,25%	8,83%	8,83%	16,66%	44,06%
	Octubre-Diciembre	9,32%	10,74%	10,87%	10,87%	10,13%	11,51%
	Enero - Diciembre	**27,75%**	**39,51%**	**33,73%**	**33,73%**	**27,84%**	**60,93%**

Año	Período	IBEX 35 con dividendos	Media 35 valores	10 Menos Volátiles Todos	10 Menos Volátiles Sin financieros	15 volatilidad media	10 más volátiles
2014	Enero-Marzo	5,29%	10,37%	4,17%	4,17%	11,31%	15,15%
	Abril-Junio	6,90%	4,23%	9,06%	9,06%	4,38%	-0,83%
	Julio-Septiembre	0,21%	-1,09%	0,42%	0,42%	-1,91%	-1,39%
	Octubre-Diciembre	-3,71%	-5,36%	1,84%	2,04%	-5,50%	-12,34%
	Enero - Diciembre	**8,61%**	**7,68%**	**16,18%**	**16,41%**	**7,69%**	**-1,28%**
2015	Enero-Marzo	12,97%	17,46%	10,56%	11,38%	15,18%	27,54%
	Abril-Junio	-5,38%	-5,88%	-2,24%	-2,44%	-7,67%	-7,02%
	Julio-Septiembre	-10,56%	-12,37%	-6,51%	-4,48%	-8,14%	-24,56%
	Octubre-Diciembre	0,89%	-0,29%	5,75%	5,75%	-0,40%	-6,16%
	Enero - Diciembre	**-3,55%**	**-3,40%**	**6,85%**	**9,75%**	**-2,70%**	**-16,04%**
2016	Enero-Marzo	-7,90%	-4,76%	-3,86%	-4,76%	-10,11%	2,38%
	Abril-Junio	-4,63%	-4,59%	3,47%	3,47%	-6,32%	-10,04%
	Julio-Septiembre	8,33%	9,71%	3,65%	3,65%	12,85%	11,39%
	Octubre-Diciembre	7,83%	5,10%	-3,49%	-3,49%	1,14%	19,64%
	Enero - Diciembre	**2,60%**	**4,79%**	**-0,49%**	**-1,42%**	**-3,89%**	**22,75%**
2017	Enero-Marzo	12,54%	11,30%	9,38%	8,69%	10,32%	14,68%
	Abril-Junio	1,24%	-0,33%	4,89%	4,89%	2,46%	-9,72%
	Julio-Septiembre	-0,08%	-2,00%	3,01%	1,84%	-5,61%	-1,59%
	Octubre-Diciembre	-2,28%	0,31%	1,31%	1,31%	0,26%	-0,60%
	Enero - Diciembre	**11,25%**	**9,06%**	**19,74%**	**17,63%**	**6,96%**	**1,26%**
2018	Enero-Marzo	-3,92%	-2,66%	-0,21%	-1,45%	-6,04%	-0,39%
	Abril-Junio	1,93%	2,71%	0,13%	3,75%	6,38%	0,16%
	Julio-Septiembre	-1,82%	-0,62%	0,57%	1,98%	-1,52%	-0,18%
	Octubre-Diciembre	-7,97%	-11,90%	1,28%	1,28%	-12,43%	-24,27%
	Enero - Diciembre	**-11,51%**	**-12,46%**	**1,78%**	**5,60%**	**-13,81%**	**-24,58%**
2019	Enero-Marzo	8,90%	9,22%	10,00%	10,86%	9,94%	7,37%
	Abril-Junio	1,30%	-0,49%	2,10%	2,10%	0,63%	-3,51%
	Julio-Septiembre	1,01%	-1,62%	3,24%	3,24%	-1,82%	-5,28%
	Octubre-Diciembre	4,62%	7,68%	-1,35%	0,08%	8,47%	14,29%
	Enero - Diciembre	**16,57%**	**15,14%**	**14,39%**	**16,94%**	**17,81%**	**12,15%**
2020	Enero-Marzo	-28,60%	-29,99%	-21,81%	-21,81%	-32,31%	-34,08%
	Abril-Junio	8,05%	8,59%	8,32%	9,14%	13,34%	3,03%
	Julio-Septiembre	-6,63%	-4,92%	3,11%	3,11%	-7,08%	-10,33%
	Octubre-Diciembre	21,20%	23,67%	7,08%	7,08%	23,86%	39,99%
	Enero - Diciembre	**-12,70%**	**-10,61%**	**-6,48%**	**-5,78%**	**-11,70%**	**-14,74%**
2021	Enero-Marzo	6,68%	10,84%	2,02%	2,02%	10,18%	20,64%
	Abril-Junio	3,82%	1,82%	5,08%	5,08%	4,21%	-2,91%
	Julio-Septiembre	0,30%	2,26%	1,03%	0,33%	6,81%	-2,47%
	Octubre-Diciembre	-0,27%	0,85%	8,32%	8,47%	-0,74%	-2,48%
	Enero - Diciembre	**10,78%**	**16,38%**	**17,32%**	**16,68%**	**21,72%**	**11,40%**

Por grupos según su volatilidad, el intermedio perdió más de ese porcentaje en catorce trimestres, el más volátil, en dieciséis trimestres (de los cuales en diez la pérdida superó el 10%), y el de los diez menos volátiles, en siete trimestres. En el segundo subperíodo (de 2014 a 2021), este último grupo solo perdió más de un 7% en un trimestre (el primero de 2020, en el inicio de la pandemia).

3.3. Frecuencia y estacionalidad de las ventajas

En este apartado, para calcular la ventaja de la cartera 10 Valores Menos Volátiles se ha usado la rentabilidad media de los 35 valores del IBEX, en vez del propio índice. La cartera batió a dicha referencia en 44 de los 64 trimestres del período (23 trimestres en el subperíodo 2006-2013 y 21 trimestres en el subperíodo 2014-2021), lo que implica una tasa de éxito del 68,75%, que resulta extraordinaria.

Año	Período	Ventaja 10 Menos Volátiles Todos	Ventaja 10 Menos Volátiles Sin financieros	Año	Período	Ventaja 10 Menos Volátiles Todos	Ventaja 10 Menos Volátiles Sin financieros
2006	Enero-Marzo	-1,58%	-5,70%	2014	Enero-Marzo	-5,62%	-5,62%
	Abril-Junio	-0,95%	-1,15%		Abril-Junio	4,64%	4,64%
	Julio-Septiembre	2,02%	5,04%		Julio-Septiembre	1,53%	1,53%
	Octubre-Diciembre	-1,15%	0,52%		Octubre-Diciembre	7,61%	7,82%
	Enero - Diciembre	**-1,68%**	**-1,58%**		**Enero - Diciembre**	**7,90%**	**8,11%**
2007	Enero-Marzo	3,05%	3,06%	2015	Enero-Marzo	-5,88%	-5,17%
	Abril-Junio	0,45%	5,47%		Abril-Junio	3,87%	3,65%
	Julio-Septiembre	1,07%	7,11%		Julio-Septiembre	6,68%	9,00%
	Octubre-Diciembre	4,83%	2,75%		Octubre-Diciembre	6,06%	6,06%
	Enero - Diciembre	**9,68%**	**19,63%**		**Enero - Diciembre**	**10,61%**	**13,62%**
2008	Enero-Marzo	3,19%	3,63%	2016	Enero-Marzo	0,94%	0,00%
	Abril-Junio	-2,44%	-0,77%		Abril-Junio	8,45%	8,45%
	Julio-Septiembre	10,85%	5,67%		Julio-Septiembre	-5,53%	-5,53%
	Octubre-Diciembre	6,42%	4,51%		Octubre-Diciembre	-8,18%	-8,18%
	Enero - Diciembre	**18,77%**	**13,56%**		**Enero - Diciembre**	**-5,04%**	**-5,93%**
2009	Enero-Marzo	2,37%	3,65%	2017	Enero-Marzo	-1,72%	-2,34%
	Abril-Junio	-9,05%	-8,55%		Abril-Junio	5,24%	5,24%
	Julio-Septiembre	-8,36%	-8,57%		Julio-Septiembre	5,11%	3,92%
	Octubre-Diciembre	2,64%	2,64%		Octubre-Diciembre	0,99%	0,99%
	Enero - Diciembre	**-12,42%**	**-11,04%**		**Enero - Diciembre**	**9,80%**	**7,86%**
2010	Enero-Marzo	1,53%	0,24%	2018	Enero-Marzo	2,52%	1,24%
	Abril-Junio	3,26%	3,26%		Abril-Junio	-2,51%	1,01%
	Julio-Septiembre	1,19%	1,19%		Julio-Septiembre	1,20%	2,62%
	Octubre-Diciembre	1,40%	1,40%		Octubre-Diciembre	14,95%	14,95%
	Enero - Diciembre	**7,57%**	**6,20%**		**Enero - Diciembre**	**16,27%**	**20,64%**
2011	Enero-Marzo	-0,28%	-0,28%	2019	Enero-Marzo	0,72%	1,50%
	Abril-Junio	6,05%	6,05%		Abril-Junio	2,61%	2,61%
	Julio-Septiembre	2,58%	3,29%		Julio-Septiembre	4,94%	4,94%
	Octubre-Diciembre	-0,70%	-1,92%		Octubre-Diciembre	-8,39%	-7,06%
	Enero - Diciembre	**7,72%**	**7,13%**		**Enero - Diciembre**	**-0,65%**	**1,57%**
2012	Enero-Marzo	7,70%	10,85%	2020	Enero-Marzo	11,69%	11,69%
	Abril-Junio	9,17%	15,12%		Abril-Junio	-0,25%	0,51%
	Julio-Septiembre	1,01%	1,01%		Julio-Septiembre	8,44%	8,44%
	Octubre-Diciembre	3,35%	3,35%		Octubre-Diciembre	-13,42%	-13,42%
	Enero - Diciembre	**22,74%**	**33,23%**		**Enero - Diciembre**	**4,61%**	**5,40%**
2013	Enero-Marzo	6,33%	6,33%	2021	Enero-Marzo	-7,95%	-7,95%
	Abril-Junio	1,15%	1,15%		Abril-Junio	3,20%	3,20%
	Julio-Septiembre	-10,98%	-10,98%		Julio-Septiembre	-1,20%	-1,88%
	Octubre-Diciembre	0,12%	0,12%		Octubre-Diciembre	7,41%	7,56%
	Enero - Diciembre	**-4,14%**	**-4,14%**		**Enero - Diciembre**	**0,80%**	**0,25%**

En el cómputo anual, la cartera lo hizo mejor que el mercado en diez (cinco años en cada subperíodo) de los 16 años completos, una tasa de éxito del 62,5%.

En el período 2006 a 2021, la ventaja se distribuyó de forma uniforme a lo largo de los trimestres, aunque el segundo trimestre fue el mejor, sobre todo en el caso de la cartera sin entidades financieras. En cambio, el segundo trimestre fue el peor para las acciones más volátiles.

Período 2006 a 2021 (16 años)			
Trimestre	Ventaja 10 Menos Volátiles		Ventaja 10 más volátiles
	Todos	Sin financieros	
Enero-Marzo	1,06%	0,95%	1,76%
Abril-Junio	2,06%	3,12%	-2,99%
Julio-Septiembre	1,28%	1,67%	-1,38%
Octubre-Diciembre	1,50%	1,38%	0,14%

No obstante, se observan diferencias significativas según el subperíodo considerado. En el primero (2006 a 2013), el mejor trimestre para los valores menos volátiles fue el primero, mientras que el más flojo fue el tercero.

Primer subperíodo: 2006 a 2013 (8 años)			
Trimestre	Ventaja 10 Menos Volátiles		Ventaja 10 más volátiles
	Todos	Sin financieros	
Enero-Marzo	2,79%	2,72%	0,13%
Abril-Junio	0,96%	2,57%	-1,43%
Julio-Septiembre	-0,08%	0,47%	0,47%
Octubre-Diciembre	2,11%	1,67%	0,07%

En cambio, en el segundo subperíodo se dio la circunstancia de que el primer trimestre fue el peor para esos valores, mientras que destacaron el segundo y el tercero. También se observa que las acciones más volátiles lo hicieron mucho peor de abril a septiembre que en el subperíodo precedente.

Trimestre	Segundo subperíodo: 2014 a 2021 (8 años)		
	Ventaja 10 Menos Volátiles		Ventaja 10 más volátiles
	Todos	Sin financieros	
Enero-Marzo	-0,66%	-0,83%	3,39%
Abril-Junio	3,16%	3,66%	-4,56%
Julio-Septiembre	2,36%	2,65%	-2,86%
Octubre-Diciembre	0,88%	1,09%	0,20%

4. Super rentabilidad: alternar baja y alta volatilidad

4.1. Un planteamiento teórico para entender mejor la bolsa

Si bien lo más recomendable para la mayoría de los inversores es concentrarse únicamente en las acciones de menor riesgo, alternar a lo largo del tiempo carteras de valores de baja volatilidad con valores con la característica contraria tiene la capacidad de ser una estrategia extremadamente rentable.

Es lo que quisiera plantear en este capítulo, de forma teórica, al tratarse de una operativa de alto riesgo: pasar a una cartera compuesta únicamente por los valores más volátiles implica posicionarse en un tipo de acciones que tiende a hacerlo peor que la media del mercado y mucho peor que los valores menos volátiles.

De todos modos, el análisis de estos ciclos nos permite comprender una dinámica típica de la bolsa: la rotación cíclica de los valores. Muchos inversores tienen tendencia a lanzarse sobre las acciones más volátiles en esos breves períodos en que son extremadamente rentables pero luego quedan atrapados. Por ello, si no hemos podido anticipar el cambio de ciclo favorable a los valores más volátiles, debemos evitar la tentación de posicionarnos en los mismos.

Si bien es complicado anticipar correctamente el cambio de ciclo, entender esa dinámica nos ayudará a evitar el error descrito, uno de los más típicos que cometen los inversores.

4.2. Estudio de los ciclos

Cuando los valores menos volátiles acumulan varios trimestres de ventaja respecto a los más volátiles, estos pueden volverse extremadamente rentables.

Desde 2006 observamos los siguientes ciclos:

1) Del 31 de marzo de 2006 al 31 de marzo de 2009 (tres años completos): el IBEX 35 con dividendos perdió un 25,8%, la media de referencia un 34,6%, y la cartera 10 Valores Menos Volátiles un 12,9% (solo un 3,92% sin valores financieros). En cambio, los 10 valores más volátiles tuvieron una rentabilidad negativa del 48%.

2) Del 31 de marzo de 2009 al 31 de marzo de 2010 (un año completo): las acciones más volátiles fueron mucho más rentables que las menos volátiles: 84,3% vs. 31%.

3) Del 31 de marzo de 2010 al 31 de marzo de 2013 (tres años completos): la cartera 10 Valores Menos Volátiles ganó un 28,8% y los valores más volátiles perdieron un 39,7%. La ventaja de los primeros fue de 68,5 puntos.

4) Del 31 de marzo de 2013 al 31 de marzo de 2014 (un año completo): los valores más volátiles ganaron un 95,5% y los menos volátiles, un 30,7%. La ventaja a favor de los primeros fue de 64,8 puntos.

5) Del 31 de marzo de 2014 al 30 de junio de 2016 (dos años y un trimestre): los valores menos volátiles ganaron un 18,5% y los más volátiles perdieron un 33,7%, una diferencia de 52,2 puntos.

6) Del 30 de junio de 2016 al 31 de marzo de 2017 (tres trimestres): los valores más volátiles ganaron un 52,8% y los menos volátiles, un 9,4%. La ventaja de los primeros fue de 43,4 puntos.

7) Del 31 de marzo de 2017 al 30 de septiembre de 2020 (tres años y medio): los valores menos volátiles ganaron un 11,3% y los más volátiles perdieron un 54,5%, una diferencia de 65,8 puntos.

8) Del 30 de septiembre de 2020 al 31 de marzo de 2021 (dos trimestres): las acciones más volátiles ganaron un 68,9%, mucho más que el 9,25% de las menos volátiles, una diferencia de casi 60 puntos.

Dejando aparte trimestres aislados, de los 60 trimestres del período considerado (del 31 de marzo de 2006 al 31 de marzo de 2021), solo trece fueron favorables a los valores más volátiles, el 21,7% del período.

La tabla siguiente resume los datos comentados. Se constata que los valores menos volátiles tuvieron rentabilidades positivas en todos los ciclos, salvo en el primero, en que generaron pérdidas moderadas, mientras que los más volátiles alternaron períodos de grandes revalorizaciones y fuertes pérdidas.

De	A	Trimestres	IBEX 35 con dividendos	Media 35 valores	10 Menos Volátiles		15 volatilidad media	10 más volátiles	Ventaja 10 menos volátiles	
					Todos	Sin financieros			simple	real
31-3-2006	31-3-2009	12	-25,89%	-34,62%	-12,90%	-3,92%	-38,77%	-48,07%	35,17%	67,72%
31-3-2009	31-3-2010	4	46,80%	50,82%	31,00%	29,75%	49,64%	84,32%	-53,32%	-28,93%
31-3-2010	31-3-2013	12	-11,54%	-13,49%	28,85%	39,09%	-18,18%	-39,66%	68,53%	113,54%
31-3-2013	31-3-2014	4	37,27%	53,59%	30,70%	30,70%	42,83%	95,54%	-64,84%	33,16%
31-3-2014	30-6-2016	9	-12,61%	-14,35%	18,55%	20,87%	-20,73%	-53,71%	52,26%	78,83%
30-6-2016	31-3-2017	3	31,46%	28,34%	9,41%	8,72%	25,91%	52,83%	-43,42%	-28,41%
31-3-2017	30-9-2020	14	-26,54%	-28,63%	11,30%	17,61%	-29,81%	-54,51%	65,81%	144,67%
30-9-2020	31-3-2021	2	29,29%	37,08%	9,25%	9,25%	36,48%	68,88%	-59,64%	-35,31%

En general, se observa que cuando los valores menos volátiles lo hacen más de 50 puntos porcentuales mejor que los más volátiles, resulta rentable cambiar durante un breve período de tiempo hacia estos últimos.

Las dos últimas columnas indican la ventaja de los diez valores menos volátiles respecto a los diez más volátiles. En la primera de ellas se indica la ventaja por diferencia simple, pero esta no es la ventaja real. La ventaja real, que se indica en la última columna, debe calcularse por cociente. Por ejemplo, un inversor que en el primer período de la tabla (31 de marzo de 2006 a 31 de marzo de 2009) hubiese invertido en los diez valores menos volátiles, habría perdido un 12,90%, de modo que 100 € se habrían convertido en 87,1 €. Si lo hubiera hecho en el grupo de diez valores más volátiles, habría perdido un 48,07%, de modo que de 100 € habría pasado a tener 51,93 €. Por tanto, la ventaja del primer grupo respecto del segundo fue de 87,1 € respecto a 51,93 €, que es un 67,7%. Está claro que la diferencia calculada como la diferencia simple entre -12,90% y -48,07%, que da 35,17%, infravalora la verdadera ventaja.

En el último período, la desventaja de los valores menos volátiles respecto a los más volátiles fue del 59,64% calculada de modo simple pero en realidad fue del 35,31%, si se sigue el mismo procedimiento indicado en el párrafo anterior.

Las dos tablas de las páginas siguientes recogen la evolución de las referencias del mercado y de cada grupo de valores, partiendo de 100 puntos el 31 de diciembre de 2005. Se ha resaltado en gris los períodos en los que los valores más volátiles lo hicieron mejor que la media del mercado y que los valores más estables.

Por ejemplo, vemos que en el primer período resaltado (31 de marzo de 2009 a 31 de marzo de 2010), el índice de los 10 valores menos volátiles pasó de 97,78 a 128,10, que es un incremento del 31%. En el mismo período, el índice de los 10 valores más volátiles pasó de 63,85 a 117,68, un incremento del 84,3%.

Fecha	IBEX 35 con dividendos	Media 35 valores	10 Menos Volátiles		15 volatilidad media	10 más volátiles
			Todos	Sin financieros		
31-12-2005	100,00	100,00	100,00	100,00	100,00	100,00
31-3-2006	111,18	114,07	112,27	107,57	109,35	122,95
30-6-2006	109,36	110,59	107,82	103,09	106,22	119,67
30-9-2006	123,62	125,17	124,50	122,56	120,80	134,81
31-12-2006	136,04	139,00	136,66	136,81	133,24	154,27
31-3-2007	141,76	148,35	150,30	150,47	143,87	156,73
30-6-2007	145,43	146,78	149,38	157,03	143,80	152,02
30-9-2007	143,62	138,75	142,72	158,99	135,08	142,35
31-12-2007	150,62	138,42	149,27	162,98	125,57	148,57
31-3-2008	132,62	124,58	138,63	152,01	112,12	129,60
30-6-2008	121,94	112,76	122,42	136,53	105,16	112,99
30-9-2008	112,59	101,06	121,62	129,30	93,76	94,32
31-12-2008	95,65	86,95	111,37	116,27	80,76	74,24
31-3-2009	**82,40**	**74,58**	**97,78**	**103,36**	**66,96**	**63,85**
30-6-2009	105,33	96,50	115,08	122,32	88,30	93,41
30-9-2009	128,15	116,53	127,35	135,04	109,94	116,94
31-12-2009	132,26	115,26	129,29	137,10	107,21	115,08
31-3-2010	**120,96**	**112,47**	**128,10**	**134,10**	**100,19**	**117,68**
30-6-2010	105,27	93,34	109,78	114,93	85,94	89,57
30-9-2010	120,75	104,16	123,95	129,76	96,72	97,47
31-12-2010	115,16	104,30	125,85	131,75	92,75	102,44
31-3-2011	124,58	117,81	141,76	148,41	104,68	116,17
30-6-2011	124,43	115,33	147,17	154,07	102,70	106,48
30-9-2011	104,17	95,12	124,51	131,25	87,13	80,37
31-12-2011	106,25	99,35	129,13	134,45	90,39	85,38
31-3-2012	100,59	94,49	132,28	141,76	81,24	82,10
30-6-2012	92,20	81,81	125,03	141,29	69,56	65,83
30-9-2012	101,75	92,15	142,25	160,75	77,06	75,22
31-12-2012	109,20	97,06	154,85	174,99	82,29	74,93

Fecha	IBEX 35 con dividendos	Media 35 valores	10 Menos Volátiles		15 volatilidad media	10 más volátiles
			Todos	Sin financieros		
31-3-2013	107,00	97,30	165,06	186,52	81,98	71,01
30-6-2013	106,18	100,02	171,62	193,94	81,88	75,06
30-9-2013	127,60	122,28	186,78	211,07	95,52	108,13
31-12-2013	139,50	135,40	207,09	234,02	105,19	120,58
31-3-2014	146,87	149,44	215,72	243,78	117,09	138,86
30-6-2014	157,01	155,76	235,27	265,87	122,21	137,70
30-9-2014	157,34	154,05	236,25	266,97	119,88	135,79
31-12-2014	151,50	145,80	240,59	272,41	113,29	119,04
31-3-2015	171,15	171,25	265,99	303,42	130,49	151,82
30-6-2015	161,94	161,18	260,04	296,00	120,48	141,17
30-9-2015	144,84	141,25	243,10	282,73	110,67	106,50
31-12-2015	146,13	140,84	257,07	298,99	110,23	99,94
31-3-2016	134,58	134,14	247,16	284,77	99,08	102,32
30-6-2016	128,35	127,99	255,74	294,65	92,82	92,05
30-9-2016	139,04	140,42	265,06	305,40	104,74	102,53
31-12-2016	149,92	147,59	255,80	294,73	105,94	122,67
31-3-2017	168,72	164,26	279,81	320,34	116,86	140,68
30-6-2017	170,81	163,72	293,49	336,01	119,74	127,00
30-9-2017	170,68	160,45	302,33	342,20	113,02	124,98
31-12-2017	166,79	160,95	306,30	346,68	113,31	124,22
31-3-2018	160,26	156,66	305,65	341,65	106,47	123,73
30-6-2018	163,35	160,91	306,06	354,46	113,26	123,93
30-9-2018	160,38	159,92	307,81	361,49	111,54	123,71
31-12-2018	147,59	140,89	311,74	366,11	97,67	93,69
31-3-2019	160,72	153,89	342,93	405,85	107,38	100,60
30-6-2019	162,82	153,13	350,15	414,40	108,05	97,07
30-9-2019	164,46	150,65	361,48	427,81	106,08	91,94
31-12-2019	172,05	162,22	356,59	428,14	115,07	105,08
31-3-2020	122,84	113,57	278,84	334,78	77,89	69,26
30-6-2020	132,74	123,33	302,04	365,38	88,28	71,36
30-9-2020	123,94	117,26	311,43	376,74	82,03	63,99
31-12-2020	150,21	145,02	333,47	403,41	101,60	89,59
31-3-2021	160,24	160,73	340,22	411,58	111,95	108,07
30-6-2021	166,36	163,66	357,50	432,48	116,66	104,93
30-9-2021	166,86	167,35	361,18	433,92	124,59	102,34
31-12-2021	166,41	168,77	391,23	470,69	123,67	99,80

5. La relación rentabilidad-riesgo con actualizaciones anuales

5.1. Introducción

En el capítulo anterior vimos la rentabilidad por trimestres de los valores del IBEX 35 en función de la volatilidad del trimestre anterior. En este capítulo examinaremos la misma relación pero con actualizaciones anuales en vez de trimestrales. De este modo, la cartera 10 Valores Menos Volátiles solo requiere ser actualizada una vez al año, lo que tiene las ventajas de un menor número de operaciones y un ahorro de comisiones.

En la primera edición de esta monografía, se tomó como referencia la volatilidad media de los cuatro trimestres del año anterior. En esta nueva edición, se ha usado la media de las volatilidades del tercer y del cuarto trimestre. Se ha constatado que los resultados son, en general, mejores con este último procedimiento. Si se toma únicamente la volatilidad del cuarto trimestre, los resultados son ligeramente peores que si se utilizan los dos últimos trimestres, aunque también mejores que si se usan los de todo el año.

Por tanto, para cada año del período 2006 a 2021 se ha relacionado la volatilidad de los valores del IBEX en el primer semestre con su rentabilidad al año siguiente.

5.2. Los resultados por años, 2006 a 2022

La tablas siguientes ordenan las acciones del IBEX 35 en función de su volatilidad durante el segundo semestre del año. Los valores han sido divididos en tres grupos. El primero es el de los diez menos volátiles y forma la cartera 10 Valores Menos Volátiles. El segundo está compuesto por los valores de volatilidad media. Contiene entre 13 y 16 valores, dependiendo del número de componentes del IBEX

35 (que a veces ha iniciado el año con 34 o 36 valores) y del número de acciones que no ha sido tenido en cuenta debido a una OPA (Oferta Pública de Adquisición). El tercer grupo es el de mayor volatilidad y, al igual que el primero, siempre consta de diez títulos. Al final de cada tabla anual, se indica la rentabilidad media de cada uno de los grupos.

5.2.1. Resultados 2006-2008

En 2007 no se ha incluído a Fadesa y en 2008 a Agbar ni a Altadis por las OPAs recibidos por estas empresas el año anterior.

En 2006 y 2007, los valores menos volátiles tuvieron una rentabilidad similar a la del índice pero en 2008, el año de la crisis financiera, lo hicieron un 10% mejor.

2006			2007			2008		
Valor	Volat. 2° sem. 2005	Rentabilidad 2006	Valor	Volat. 2° sem. 2006	Rentabilidad 2007	Valor	Volat. 2° sem. 2007	Rentabilidad 2008
IBERDROLA	0,90%	47,28%	POPULAR	0,62%	-11,62%	ENDESA	0,59%	-17,11%
POPULAR	1,31%	36,94%	ALTADIS	0,64%	28,15%	SABADELL	0,94%	-30,36%
BBVA	0,75%	24,70%	SABADELL	0,67%	-9,73%	POPULAR	0,98%	-43,76%
TELEFÓNICA	0,87%	31,16%	ACS	0,70%	1,90%	REE	0,99%	-14,23%
TPI	0,73%	21,34%	TELEFÓNICA	0,73%	41,87%	IBERDROLA	1,01%	-34,51%
SANTANDER	1,53%	30,80%	RED ELECTRICA	0,77%	35,85%	ABERTIS	1,01%	-35,60%
BANKINTER	1,11%	30,62%	BANESTO	0,78%	-16,47%	UNION FENOSA	1,04%	18,66%
ALTADIS	0,72%	6,08%	SANTANDER	0,81%	8,51%	ENAGAS	1,07%	-19,17%
UNION FENOSA	0,59%	20,12%	ABERTIS	0,82%	5,19%	SANTANDER	1,08%	-46,68%
ACERINOX	1,30%	90,32%	UNION FENOSA	0,82%	24,30%	BBVA	1,09%	-43,78%
GAS NATURAL	1,01%	30,30%	BANKINTER	0,82%	7,62%	TELEFÓNICA	1,10%	24,62%
INDITEX	0,85%	50,56%	BBVA	0,83%	-4,00%	REPSOL	1,17%	-33,96%
SABADELL	0,93%	56,41%	NHH	0,87%	-15,86%	INDRA	1,19%	-10,17%
RED ELECTRICA	1,34%	58,77%	ENDESA	0,87%	6,03%	TELECINCO	1,23%	-49,43%
SOGECABLE	1,12%	-20,26%	INDITEX	0,88%	5,03%	GAS NATURAL	1,26%	-48,95%
ENDESA	0,76%	72,07%	ENAGAS	0,89%	16,12%	MAPFRE	1,26%	-15,38%
TELEFÓNICA MOVILES	0,54%	52,71%	TELECINCO	0,91%	-12,92%	BANESTO	1,30%	-34,91%
PRISA	0,94%	-7,29%	REPSOL	0,92%	-4,20%	INDITEX	1,35%	-22,94%
ACS	0,77%	59,17%	MAPFRE	0,96%	-8,77%	ACERINOX	1,43%	-29,77%
INDRA	0,88%	15,08%	AGUAS DE BARCELONA	0,93%	0,86%	ACS	1,44%	-15,38%
ABERTIS	1,32%	12,56%	GAS NATURAL	0,99%	36,71%	FCC	1,45%	-50,47%
FCC	1,08%	64,54%	IBERDROLA	1,01%	28,76%	BME	1,50%	-55,08%
REPSOL	0,57%	8,63%	INDRA	1,02%	4,03%	SOGECABLE	1,53%	2,12%
IBERIA	0,86%	21,40%	CINTRA	1,04%	-13,75%	CINTRA	1,63%	-44,98%
ENAGAS	0,79%	14,06%	ACERINOX	1,06%	-25,03%	GRIFOLS	1,70%	-19,01%
NHH	0,94%	15,25%	GAMESA	1,07%	54,39%	IBERIA	1,73%	-28,33%
ARCELOR	0,79%	114,48%	FCC	1,13%	-30,76%	GAMESA	1,73%	-59,44%
GAMESA	1,14%	70,02%	ACCIONA	1,16%	55,73%	FERROVIAL	1,83%	-56,67%
SACYR	0,70%	124,76%	IBERIA	1,18%	10,16%	COLONIAL	1,87%	-88,76%
CINTRA	0,80%	37,25%	ANTENA 3	1,20%	-38,96%	BANKINTER	1,97%	-47,34%
ACCIONA	1,38%	51,85%	SOGECABLE	1,20%	1,48%	SACYR	1,97%	-70,90%
METROVACESA	0,63%	153,61%	FERROVIAL	1,28%	-34,58%	ACCIONA	2,01%	-57,27%
FERROVIAL	0,85%	26,82%	METROVACESA	1,49%	-28,79%	ARENGOA A	2,18%	-50,50%
TELECINCO	0,66%	6,77%	SACYR	1,62%	-39,58%			
ANTENA 3	0,75%	-6,95%						
IBEX 35	0,46%	36,04%	IBEX 35	0,62%	10,71%	IBEX 35	0,85%	-36,50%
Media IBEX	0,92%	40,63%	Media IBEX	0,90%	1,13%	Media IBEX	1,38%	-34,95%
10 menos volátiles		33,04%	10 menos volátiles		10,39%	10 menos volátiles		-26,65%
15 volatilidad media		32,58%	14 volatilidad media		3,23%	13 volatilidad media		-29,92%
10 más volátiles		59,38%	10 más volátiles		-7,59%	10 más volátiles		-62,32%

5.2.2. Resultados 2009-2011

En 2008 no se ha incluído Unión Fenosa debido a la OPA lanzada por Gas Natural en agosto de 2008.

En 2009, que fue muy alcista, los valores menos volátiles lo hicieron mucho peor que el mercado. En cambio, en 2010, que fue negativo, dicho grupo de valores obtuvo una ventaja del 10%, similar a la de 2008.

Hasta 2010, la rentabilidad de la cartera 10 Valores Menos Volátiles fue similar con actualizaciones trimestrales que anuales, con una ligera ventaja a favor de la frecuencia trimestral. En 2011, la diferencia fue significativa, pues la cartera actualizada trimestralmente ganó un 2,61% mientras que la cartera anual perdió un 4,68%.

2009			2010			2011		
Valor	Volat. 2º sem. 2008	Rentabilidad 2009	Valor	Volat. 2º sem. 2009	Rentabilidad 2010	Valor	Volat. 2º sem. 2010	Rentabilidad 2011
SABADELL	1,76%	-14,74%	ENAGÁS	0,82%	1,71%	TELEFÓNICA	0,89%	-12,16%
REE	1,83%	11,39%	IBERDROLA RENOVABLES	0,90%	-19,13%	ACS	0,96%	-28,88%
ENAGÁS	1,96%	5,13%	IBERDROLA	0,91%	-8,47%	REE	0,99%	-0,72%
TELEFÓNICA	2,00%	29,46%	ACS	0,91%	6,66%	CRITERIA (1)	1,01%	23,61%
GRIFOLS	2,05%	2,27%	INDRA	0,92%	-18,32%	ACERINOX	1,02%	21,04%
INDRA	2,07%	5,84%	CRITERIA	0,92%	28,41%	IBERDROLA	1,02%	-12,86%
ACS	2,22%	12,89%	REE	0,93%	-5,52%	INDRA	1,03%	17,72%
BANESTO	2,24%	12,39%	EBRO PULEVA	0,93%	11,70%	BME	1,06%	27,72%
ABERTIS	2,33%	14,98%	TELEFÓNICA	0,96%	-6,40%	ENAGÁS	1,08%	1,92%
FCC	2,37%	32,94%	SABADELL	0,97%	-19,48%	EBRO FOODS	1,13%	-4,72%
ENDESA	2,39%	4,34%	ABERTIS	1,03%	7,08%	REPSOL	1,13%	18,90%
CRITERIA	2,48%	24,28%	GRIFOLS	1,07%	-15,18%	GAS NATURAL	1,13%	22,57%
TELECINCO	2,49%	46,16%	GAS NATURAL	1,07%	-18,58%	FCC	1,14%	9,21%
BME	2,50%	38,51%	ACERINOX	1,08%	-6,61%	ENDESA	1,15%	12,61%
ACERINOX	2,52%	31,75%	REPSOL	1,12%	13,62%	IBERDROLA RENOV.	1,17%	13,59%
REPSOL	2,56%	33,77%	BANESTO	1,15%	-22,58%	AMADEUS	1,21%	18,11%
GAS NATURAL	2,57%	-7,83%	ENDESA	1,16%	-15,11%	SABADELL	1,23%	3,05%
INDITEX	2,62%	41,84%	INDITEX	1,18%	31,90%	INDITEX	1,27%	15,80%
BANKINTER	2,82%	26,67%	ACCIONA	1,23%	-39,69%	ACCIONA	1,28%	31,75%
IBERDROLA RENOV.	2,98%	9,67%	FCC	1,23%	-28,39%	ABERTIS	1,29%	4,16%
ABENGOA A	2,99%	93,05%	BME	1,24%	-11,99%	TECNICAS	1,37%	38,87%
BBVA	2,99%	53,01%	BANKINTER	1,29%	38,56%	MAPFRE	1,41%	25,60%
POPULAR	3,01%	-7,92%	BBVA	1,41%	-35,30%	GRIFOLS	1,42%	35,34%
MAPFRE	3,01%	29,15%	POPULAR	1,49%	-20,62%	POPULAR	1,45%	2,98%
OHL	3,03%	106,26%	SANTANDER	1,49%	-26,16%	FERROVIAL	1,50%	32,30%
SANTANDER	3,14%	80,60%	TECNICAS	1,54%	22,00%	IBERIA / IAG	1,53%	45,45%
CINTRA	3,20%	47,73%	MAPFRE	1,58%	-23,51%	ARCELORMITTAL	1,53%	-48,82%
IBERDROLA	3,25%	9,17%	GAMESA	1,60%	50,56%	ABENGOA A	1,58%	-9,68%
FERROVIAL	3,38%	77,73%	IBERIA	1,64%	67,98%	BBVA	1,59%	-5,83%
IBERIA	3,47%	-4,09%	ABENGOA A	1,68%	-17,83%	SANTANDER	1,60%	-18,32%
TECNICAS	3,56%	124,99%	SACYR	1,75%	-40,63%	OHL	1,66%	-12,35%
ACCIONA	3,60%	6,84%	OHL	1,83%	22,29%	BANKINTER	1,75%	17,84%
GAMESA	3,68%	-5,93%	FERROVIAL	1,95%	-4,56%	GAMESA	2,02%	-43,61%
SACYR	3,94%	25,59%	TELECINCO	2,08%	-8,69%	TELECINCO / MEDIASET	2,11%	-35,43%
			ARCELORMITTAL	2,12%	-10,74%	SACYR	2,12%	-14,32%
IBEX 35	2,90%	38,27%	IBEX 35	1,01%	-12,93%	IBEX 35	1,53%	-7,75%
Media IBEX	2,74%	29,31%	Media IBEX	1,29%	-8,96%	Media IBEX	1,34%	-3,63%
10 menos volátiles		13,22%	10 menos volátiles		-2,88%	10 menos volátiles		-4,68%
14 volatilidad media		29,75%	15 volatilidad media		-16,04%	15 volatilidad media		9,31%
10 más volátiles		46,89%	10 más volátiles		-4,42%	10 más volátiles		-22,00%

5.2.3. Resultados 2012-2014

El IBEX 35 inició 2012 con 36 componentes, de modo que el grupo intermedio estuvo formado por 16 acciones.

En 2013, en cambio, el índice empezó con 34 valores, debido a la salida de Bankia y Gamesa el 2 de enero, que solo fue cubierta por Viscofán.

En 2012, que fue bajista hasta julio, los valores menos volátiles tuvieron una ventaja de quince puntos, la mayor alcanzada desde 2006. En 2013, que fue muy alcista, también batieron al índice, pero los más volátiles ganaron mucho más. En 2014 batieron de nuevo al mercado.

En el trienio 2012-2014, la frecuencia trimestral dio una rentabilidad ligeramente superior a la anual.

	2012			2013			2014	
Valor	Volat. 2º sem. 2011	Rentabilidad 2012	Valor	Volat. 2º sem. 2012	Rentabilidad 2013	Valor	Volat. 2º sem. 2013	Rentabilidad 2014
BANKIA	1,10%	-89,15%	AMADEUS	1,08%	65,93%	EBRO	0,68%	-16,47%
EBRO FOODS	1,26%	7,67%	ENAGÁS	1,15%	25,03%	AMADEUS	0,74%	8,37%
BME	1,30%	-1,82%	REE	1,16%	36,38%	VISCOFAN	0,74%	9,37%
GRIFOLS	1,33%	102,77%	BME	1,17%	56,36%	ENAGAS	0,76%	44,60%
INDITEX	1,47%	69,56%	GRIFOLS	1,17%	32,28%	IBERDROLA	0,80%	29,35%
AMADEUS	1,54%	54,86%	ABERTIS	1,19%	41,05%	TELEFONICA	0,81%	6,89%
ENAGAS	1,60%	20,22%	TECNICAS	1,26%	16,56%	TECNICAS	0,85%	-4,57%
SABADELL	1,60%	-12,32%	VISCOFAN	1,26%	-0,84%	FERROVIAL	0,87%	23,55%
ABERTIS	1,61%	6,24%	DIA	1,32%	37,84%	ABERTIS	0,87%	10,80%
REE	1,63%	19,48%	TELEFONICA	1,33%	19,63%	REE	0,90%	56,18%
INDRA	1,67%	8,74%	FERROVIAL	1,38%	31,43%	INDITEX	0,90%	0,98%
TELEFONICA	1,72%	-17,81%	INDITEX	1,45%	15,64%	GAS NATURAL	0,92%	16,08%
ACERINOX	1,74%	-12,31%	ENDESA	1,48%	38,11%	JAZZTEL	0,96%	61,31%
FERROVIAL	1,74%	33,44%	GAS NATURAL	1,51%	44,29%	REPSOL	0,98%	-4,47%
GAS NATURAL	1,77%	8,59%	CAIXABANK	1,54%	52,17%	BME	1,03%	22,16%
ENDESA	1,81%	10,26%	ACERINOX	1,59%	16,10%	OHL	1,06%	-34,71%
CAIXABANK	1,84%	-24,74%	IAG (IBERIA)	1,62%	117,04%	BBVA	1,09%	-8,59%
ACS	1,87%	-8,26%	INDRA	1,65%	24,75%	DIA	1,14%	-10,92%
IBERDROLA	1,87%	-6,49%	SANTANDER	1,66%	16,98%	SANTANDER	1,15%	16,85%
ACCIONA	1,90%	-11,27%	OHL	1,68%	37,13%	INDRA	1,17%	-30,84%
REPSOL	1,96%	-28,70%	BBVA	1,71%	34,66%	GRIFOLS	1,18%	-3,45%
DIA	1,98%	40,77%	IBERDROLA	1,72%	18,09%	MAPFRE	1,20%	-5,14%
POPULAR	2,01%	-63,35%	ARCELORMITTAL	1,82%	2,26%	ARCELORMITTAL	1,21%	-28,94%
ABENGOA A	2,07%	-25,03%	REPSOL	1,86%	25,86%	ACS	1,22%	20,40%
SANTANDER	2,19%	14,84%	ACS	1,86%	37,25%	SABADELL	1,27%	17,89%
OHL	2,20%	16,15%	BANKINTER	1,87%	105,19%	CAIXABANK	1,28%	20,42%
BANKINTER	2,24%	-30,88%	SABADELL	2,02%	4,47%	ACCIONA	1,29%	34,55%
IAG (IBERIA)	2,24%	28,16%	MEDIASET	2,05%	64,83%	IAG (IBERIA)	1,39%	27,89%
MAPFRE	2,33%	-1,22%	ACCIONA	2,11%	-20,87%	MEDIASET	1,40%	24,55%
FCC	2,41%	-46,76%	MAPFRE	2,17%	39,83%	FCC	1,75%	1,40%
TECNICAS	2,50%	31,11%	ABENGOA	2,40%	4,27%	POPULAR	1,84%	-3,83%
BBVA	2,51%	10,43%	FCC	2,43%	72,68%	GAMESA	1,87%	-0,26%
GAMESA	2,61%	-46,95%	POPULAR	2,49%	48,81%	SACYR	2,06%	-24,14%
MEDIASET	2,74%	18,55%	SACYR	3,03%	135,58%	BANKIA	2,40%	0,81%
SACYR	2,90%	-58,44%				BANKINTER	3,20%	36,25%
ARCELORMITTAL	2,95%	-5,67%	IBEX 35	1,24%	27,75%	IBEX 35	0,77%	8,62%
IBEX 35	1,38%	2,78%	Media IBEX	1,68%	38,23%	Media IBEX	1,23%	8,84%
Media IBEX	1,95%	0,30%	10 menos volátiles		33,32%	10 menos volátiles		16,61%
10 menos volátiles		17,75%	14 volatilidad media		33,89%	15 volatilidad media		1,91%
16 volatilidad media		-4,07%	10 más volátiles		49,19%	10 más volátiles		11,48%
10 más volátiles		-18,16%						

5.2.4. Resultados 2015-2017

En 2015 no se ha incluído a Jazztel debido a la OPA de Orange en septiembre de 2014.

En 2015 y 2017, la cartera de valores menos volátiles batió al índice en torno a un 10%, mientras que en 2016 fue igual de rentable.

En el trieno 2015-2017, la frecuencia anual generó un resultado ligeramente superior al de la frecuencia trimestral.

Al final de 2017, la cartera 10 Valores Menos Volátiles ganaba un 174,85% con actualizaciones anuales, frente al 206,30% con actualizaciones trimestrales.

	2015			2016			2017	
Valor	Volat. 2º sem. 2014	Rentabilidad 2015	Valor	Volat. 2º sem. 2015	Rentabilidad 2016	Valor	Volat. 2º sem. 2016	Rentabilidad 2017
IBERDROLA	0,76%	19,52%	IBERDROLA	0,86%	-0,60%	REE	0,76%	9,20%
TELEFONICA	0,95%	-6,65%	REE	0,91%	-2,88%	ENAGAS	0,89%	4,80%
AMADEUS	0,98%	25,08%	ENAGAS	0,95%	-2,01%	ENDESA	1,26%	-4,70%
GAS NATURAL	0,98%	-5,20%	ENDESA	0,97%	18,01%	IBERDROLA	1,10%	8,70%
ENAGAS	1,05%	4,27%	FERROVIAL	1,07%	-15,02%	VISCOFAN	0,86%	20,60%
FERROVIAL	1,05%	31,17%	AENA	1,07%	25,58%	AMADEUS	0,84%	41,42%
ABERTIS	1,05%	-3,81%	ABERTIS	1,08%	2,05%	ABERTIS	2,19%	45,26%
REPSOL	1,06%	-28,81%	AMADEUS	1,14%	8,00%	AENA	1,56%	33,31%
MAPFRE	1,13%	-12,81%	GAS NATURAL	1,19%	2,23%	ACCIONA	1,02%	1,41%
INDITEX	1,13%	35,85%	GRIFOLS	1,21%	-9,96%	CELLNEX	1,48%	56,93%
REE	1,19%	9,41%	BANKINTER	1,25%	15,75%	GAS NATURAL	1,53%	13,07%
SANTANDER	1,24%	-29,19%	BBVA	1,31%	0,58%	INDITEX	0,89%	-8,31%
TECNICAS	1,25%	-6,12%	MAPFRE	1,33%	31,21%	FERROVIAL	0,98%	15,52%
BME	1,26%	2,52%	ACCIONA	1,33%	-8,41%	GRIFOLS	0,76%	31,01%
BBVA	1,30%	-10,65%	MERLIN PROP	1,34%	-7,85%	MERLIN PROP	0,65%	12,30%
GRIFOLS	1,34%	30,66%	INDITEX	1,39%	4,23%	BANKINTER	0,97%	10,73%
ACS	1,37%	2,79%	CAIXABANK	1,42%	2,49%	MELIA	1,26%	4,98%
ENDESA	1,38%	16,50%	MEDIASET	1,44%	16,12%	MEDIASET	0,86%	-11,37%
DIA	1,42%	-0,18%	TELEFONICA	1,46%	-6,55%	DIA	0,91%	-3,22%
MEDIASET	1,46%	-2,78%	ACS	1,48%	15,41%	ACS	1,80%	12,64%
INDRA	1,48%	7,43%	BANKIA	1,54%	-6,87%	TELEFONICA	0,75%	-3,29%
CAIXABANK	1,49%	22,71%	TECNICAS	1,54%	15,83%	INDRA	0,85%	9,51%
ARCELORMITTAL	1,49%	55,25%	POPULAR	1,55%	-63,03%	GAMESA	1,14%	-21,44%
BANKIA	1,51%	12,30%	DIA	1,55%	-10,66%	MAPFRE	3,31%	-2,54%
BANKINTER	1,54%	1,03%	SABADELL	1,62%	-13,62%	TECNICAS	1,14%	-28,52%
IAG (IBERIA)	1,66%	35,22%	SANTANDER	1,63%	13,16%	ACERINOX	0,92%	-1,90%
SABADELL	1,73%	15,97%	IAG (IBERIA)	1,75%	35,43%	REPSOL	0,98%	15,90%
OHL	1,75%	-42,13%	INDRA	1,78%	20,07%	BBVA	2,31%	15,62%
ACCIONA	1,77%	44,27%	REPSOL	1,99%	38,95%	SABADELL	0,72%	29,55%
POPULAR	1,80%	-25,10%	SACYR	2,09%	22,65%	CAIXABANK	1,18%	28,03%
GAMESA	2,11%	110,36%	GAMESA	2,10%	22,77%	BANKIA	1,54%	5,68%
FCC	2,21%	-40,43%	ACERINOX	2,18%	38,43%	SANTANDER	1,48%	16,83%
SACYR	2,23%	-31,40%	FCC	2,30%	10,29%	IAG (IBERIA)	1,33%	46,00%
ABENGOA B	3,39%	-83,44%	ARCELORMITTAL	2,77%	108,23%	POPULAR	1,23%	-100,00%
			OHL	2,99%	-36,58%	ARCELORMITTAL	0,86%	28,51%
IBEX 35	1,01%	-3,55%	IBEX 35	1,11%	2,60%	IBEX 35	0,80%	11,25%
Media IBEX	1,46%	-1,71%	Media IBEX	1,53%	6,07%	Media IBEX	1,16%	9,49%
10 menos volátiles		5,86%	10 menos volátiles		2,54%	10 menos volátiles		21,69%
14 volatilidad media		-4,94%	15 volatilidad media		-1,02%	15 volatilidad media		2,07%
10 más volátiles		-4,76%	10 más volátiles		20,25%	10 más volátiles		8,42%

5.2.5. Resultados 2018-2020

En 2018 no se ha tenido en cuenta Abertis, a causa de la OPA lanzada por ACS en octubre de 2007.

En 2018, el año de la guerra comercial entre Estados Unidos y China, la cartera 10 Valores Menos Volátiles generó una ventaja de casi quince puntos, como en 2012. En 2019 y 2020, la ventaja fue de alrededor de cinco puntos.

En el trienio 2018-2020, la frecuencia de actualización anual dio mejor resultado que la trimestral.

2018			2019			2020		
Valor	Volat. 2º sem. 2017	Rentabilidad 2018	Valor	Volat. 2º sem. 2018	Rentabilidad 2019	Valor	Volat. 2º sem. 2019	Rentabilidad 2020
MERLIN PROP	0,59%	0,44%	IBERDROLA	0,73%	35,77%	IBERDROLA	0,62%	31,81%
NATURGY	0,67%	22,91%	REE	0,74%	-3,01%	ENDESA	0,72%	0,15%
REPSOL	0,69%	1,60%	ENDESA	0,74%	25,27%	MERLIN	0,72%	-38,02%
ENAGÁS	0,70%	5,14%	AENA	0,87%	30,70%	COLONIAL	0,74%	-27,55%
VISCOFAN	0,71%	-9,45%	COLONIAL	0,87%	42,01%	REE	0,75%	-0,60%
REE	0,72%	9,13%	MERLIN	0,88%	23,17%	AENA	0,79%	-16,60%
IBERDROLA	0,76%	13,72%	FERROVIAL	0,89%	56,44%	FERROVIAL	0,81%	14,30%
BANKINTER	0,79%	-7,50%	TELEFÓNICA	0,89%	-9,67%	NATURGY	0,82%	-9,05%
AMADEUS	0,80%	3,10%	ENAGÁS	0,90%	2,91%	AMADEUS	0,91%	-17,42%
TELEFÓNICA	0,80%	-4,80%	NATURGY	0,91%	6,64%	ACCIONA	0,91%	26,48%
AENA	0,83%	-15,83%	MAPFRE	0,92%	8,00%	GRIFOLS	0,91%	-23,51%
INDITEX	0,85%	-20,48%	REPSOL	0,95%	5,53%	MAPFRE	0,93%	-26,91%
CELLNEX	0,86%	5,14%	ACCIONA	0,98%	31,66%	TELEFÓNICA	0,94%	-41,62%
FERROVIAL	0,87%	-2,64%	BANKINTER	0,99%	-2,96%	INDITEX	0,96%	-16,09%
ENDESA	0,89%	20,52%	SANTANDER	1,06%	-0,25%	REPSOL	1,00%	-35,18%
BBVA	0,94%	-31,22%	MELIA	1,07%	-2,03%	ACS	1,04%	-18,26%
SANTANDER	0,95%	-23,54%	INDITEX	1,08%	44,65%	ENAGÁS	1,11%	-13,80%
ACCIONA	0,97%	13,02%	CELLNEX	1,09%	84,89%	VISCOFAN	1,14%	28,26%
COLONIAL	0,98%	0,48%	AMADEUS	1,11%	21,59%	BBVA	1,16%	-15,66%
ACS	0,99%	7,96%	VISCOFAN	1,12%	1,21%	MEDIASET	1,17%	-24,73%
MELIA	1,00%	-27,15%	ACS	1,13%	11,00%	SANTANDER	1,27%	-29,22%
BANKIA	1,04%	-33,08%	GRIFOLS	1,19%	38,76%	CELLNEX	1,30%	38,49%
GRIFOLS	1,04%	-4,57%	CAIXABANK	1,21%	-8,23%	MELIA	1,35%	-27,23%
MAPFRE	1,05%	-8,02%	BANKIA	1,22%	-21,26%	ACERINOX	1,37%	-5,17%
IAG (IBERIA)	1,05%	-0,41%	ACERINOX	1,22%	21,82%	BANKINTER	1,37%	30,82%
ACERINOX	1,06%	-23,51%	BBVA	1,25%	12,93%	MASMOVIL	1,42%	10,62%
INDRA	1,09%	-27,72%	IAG (IBERIA)	1,26%	13,87%	CIE	1,48%	6,40%
MEDIASET	1,09%	-34,90%	SABADELL	1,36%	7,00%	SIEMENS GAMESA	1,55%	111,90%
CAIXABANK	1,20%	-16,71%	INDRA	1,41%	23,54%	CAIXABANK	1,56%	-22,50%
DIA	1,26%	-85,12%	MEDIASET	1,45%	8,85%	INDRA	1,57%	-31,43%
TECNICAS	1,30%	-15,83%	TECNICAS	1,48%	11,53%	IAG (IBERIA)	1,67%	-65,42%
ARCELORMITTAL	1,35%	-32,63%	SIEMENS GAMESA	1,61%	47,23%	SABADELL	1,69%	-64,42%
SABADELL	1,38%	-35,54%	ARCELORMITTAL	1,76%	-13,25%	BANKIA	1,83%	-17,59%
SIEMENS-GAMESA	2,01%	-6,91%	CIE	1,79%	2,94%	ENCE	2,23%	-7,36%
			ENCE	1,86%	-31,24%	ARCELORMITTAL	2,28%	21,96%
IBEX 35	0,62%	-14,52%	IBEX 35	0,67%	16,57%	IBEX 35	0,74%	-12,70%
Media IBEX	0,98%	-10,74%	Media IBEX	1,14%	15,09%	Media IBEX	1,20%	-10,41%
10 menos volátiles		3,34%	10 menos volátiles		21,02%	10 menos volátiles		-6,51%
14 volatilidad media		-8,53%	15 volatilidad media		15,63%	15 volatilidad media		-16,10%
15 más volátiles		-27,93%	10 más volátiles		8,34%	10 más volátiles		-5,78%

5.2.6. Resultados 2021-2022

En 2021, la ventaja de los valores menos volátiles fue de 3,78 puntos.

Desde 2010 hasta 2021, este grupo de acciones batió al índice cada año excepto en 2016, cuando lo hizo un 0,06% peor.

Los datos de 2022 llegan hasta el primer semestre.

2021			2022		
Valor	Volat. 2º sem. 2020	Rentabilidad 2021	Valor	Volat. 2º sem. 2021	Rentab. 1er sem. 2022
IBERDROLA	0,78%	-7,42%	REE	0,73%	0,00%
REE	0,82%	19,38%	ENAGÁS	0,81%	3,28%
VISCOFAN	1,00%	0,93%	NATURGY	0,82%	-2,31%
ENDESA	1,06%	-1,51%	IBERDROLA	1,04%	-3,29%
ENAGAS	1,19%	22,92%	ENDESA	1,07%	-6,25%
NATURGY	1,34%	58,02%	MAPFRE	1,11%	-2,43%
CELLNEX	1,41%	11,66%	TELEFÓNICA	1,13%	30,08%
INDITEX	1,45%	12,25%	FERROVIAL	1,14%	-11,22%
FERROVIAL	1,46%	24,17%	ACCIONA	1,16%	4,40%
ALMIRALL	1,48%	5,17%	COLONIAL	1,17%	-25,94%
ACCIONA	1,51%	47,40%	AENA	1,17%	-12,64%
GRIFOLS	1,51%	-27,79%	ACS	1,19%	0,12%
ACERINOX	1,63%	31,67%	CELLNEX	1,23%	-27,61%
CIE	1,65%	26,29%	GRIFOLS	1,26%	6,87%
INDRA	1,67%	36,39%	MERLIN PROP.	1,27%	-1,15%
MAPFRE	1,72%	22,41%	CIE AUTOMOTIVE	1,29%	-12,13%
COLONIAL	1,75%	5,48%	ALMIRALL	1,31%	-4,73%
AENA	1,75%	-2,39%	BANKINTER	1,32%	33,24%
SIEMENS GAMESA	1,77%	-36,33%	REPSOL	1,33%	37,45%
MERLIN	1,81%	26,86%	CAIXABANK	1,34%	43,82%
TELEFÓNICA	1,94%	29,11%	INDITEX	1,35%	-22,70%
ARCELORMITTAL	1,96%	50,27%	INDRA	1,38%	-4,10%
SOLARIA	2,08%	-27,58%	ACERINOX	1,39%	-18,88%
CAIXABANK	2,10%	16,04%	SANTANDER	1,45%	-6,73%
BANKINTER	2,12%	7,34%	ROVI	1,52%	-20,87%
AMADEUS	2,22%	0,13%	BBVA	1,56%	-13,14%
ACS	2,23%	-6,84%	AMADEUS	1,62%	-10,87%
BANKIA	2,26%	20,00%	PHARMA MAR	1,64%	18,03%
REPSOL	2,33%	30,18%	FLUIDRA	1,66%	-45,06%
BBVA	2,39%	33,39%	SABADELL	1,75%	33,90%
SANTANDER	2,43%	18,74%	MELIA	1,93%	1,00%
MELIA	2,90%	4,90%	SIEMENS-GAMESA	1,94%	-15,00%
SABADELL	3,15%	68,57%	ARCELORMITTAL	1,99%	-22,87%
PHARMA MAR	3,23%	-19,69%	SOLARIA	2,01%	18,28%
IAG (IBERIA)	4,16%	-5,03%	IAG (IBERIA)	2,34%	-26,47%
IBEX 35	0,98%	10,78%	IBEX 35	0,83%	-5,27%
Media IBEX	1,89%	14,15%	Media IBEX	1,38%	-2,45%
10 menos volátiles		14,56%	10 menos volátiles		-1,37%
15 volatilidad media		13,68%	15 volatilidad media		-0,67%
10 más volátiles		14,44%	10 más volátiles		-6,22%

5.3. Resumen de resultados

La tabla siguiente resume los resultados por años de cada grupo de valores en función de su volatilidad en el período 2006-2021, con actualizaciones anuales.

La cartera 10 Valores Menos Volátiles ganó un 8,49% anual. No solo fue más rentable que el IBEX 35 con dividendos (3,23% anual), sino que además tuvo menor riesgo. La cartera perdió en cuatro años, mientras que el índice lo hizo en seis. La pérdida máxima anual fue del 26,65% (en 2008), mientras que la pérdida anual máxima del IBEX 35 fue del 36,5%. El índice perdió más de un 10% en otros tres años, mientras que la siguiente mayor pérdida de la cartera fue de un 6,51% (en 2020).

Los quince valores con volatilidad media ganaron un 2,34% anual, muy similar a lo que dio el índice, mientras que los diez más volátiles generaron una rentabilidad del 1,15% anual.

Por subperíodos, el segundo fue mejor que el primero, tanto en términos de rentabilidad como de ventaja. En el primero (2006-2013) la cartera ganó un 7,51% anual, 3,26 puntos anuales más que el índice. En el segundo (2014-2021), la rentabilidad fue del 9,48% anual y la ventaja, de 7,25 puntos anuales.

Año	IBEX 35 con dividendos	Media 35 valores	10 Valores Menos Volátiles		15 volatilidad media	10 valores más volátiles
			Todos	Sin financieros		
2006	36,04%	40,63%	33,94%	33,57%	32,58%	59,38%
2007	10,71%	1,11%	10,39%	14,46%	3,23%	-7,59%
2008	-36,50%	-34,95%	-26,65%	-22,01%	-29,92%	-52,32%
2009	38,27%	29,21%	13,22%	16,31%	29,75%	46,89%
2010	-12,93%	-8,96%	-2,88%	-1,64%	-16,04%	-4,42%
2011	-7,75%	-3,63%	-4,68%	-4,68%	9,31%	-22,00%
2012	2,78%	0,30%	17,75%	26,99%	-4,07%	-10,16%
2013	27,75%	38,23%	33,32%	33,32%	33,89%	49,19%
2014	8,62%	8,84%	16,61%	16,61%	1,91%	11,48%
2015	-3,55%	-1,71%	5,86%	5,86%	-4,94%	-4,76%
2016	2,60%	6,07%	2,54%	2,54%	-1,02%	20,25%
2017	11,25%	9,49%	21,69%	21,69%	2,07%	8,42%
2018	-11,51%	-10,74%	3,34%	2,24%	-8,53%	-27,93%
2019	16,57%	15,09%	21,02%	21,02%	15,63%	8,34%
2020	-12,70%	-10,41%	-6,51%	-6,51%	-16,10%	-5,78%
2021	10,78%	14,15%	14,56%	14,56%	13,68%	14,44%
2006-2021	3,23%	4,08%	8,49%	9,85%	2,34%	1,15%
2006 - 2013	4,25%	4,79%	7,51%	10,36%	4,91%	0,38%
2014 - 2021	2,23%	3,39%	9,48%	9,33%	-0,16%	1,93%

La cartera 10 Valores Menos Volátiles sin acciones financieras ganó un 9,85% anual en el período completo de 16 años, una ventaja de 7,3 puntos anuales respecto al IBEX 35 con dividendos. En el segundo subperíodo fue menos rentable que en el primero (9,33% vs. 10,36% anual) pero la ventaja fue superior (7,1 vs. 6,11 puntos anuales).

Utilizando un índice con base 100 en diciembre de 2005, el IBEX 35 con dividendos creció hasta los 166,39 puntos en diciembre de 2021, mientras que la cartera 10 Valores Menos Volátiles lo hizo hasta los 368,15 puntos, y la cartera sin acciones financieras hasta los 449,30 puntos.

En cambio, 100 € invertidos en el grupo de valores más volátiles en diciembre de 2005 solo habrían crecido a 120,11 € en diciembre de 2021. No todos los valores de este grupo fueron poco rentables, pero dentro del mismo ha habido un número elevado de acciones que lo han hecho mucho peor que el mercado.

Año	IBEX 35 con dividendos	Media 35 valores	10 Valores Menos Volátiles		15 volatilidad media	10 valores más volátiles
			Todos	Sin financieros		
2005	100,00	100,00	100,00	100,00	100,00	100,00
2006	136,04	140,63	133,94	133,57	132,58	159,38
2007	150,61	142,19	147,86	152,88	136,87	147,28
2008	95,64	92,50	108,45	119,22	95,92	70,22
2009	132,24	119,52	122,78	138,67	124,45	103,15
2010	115,15	108,81	119,24	136,39	104,50	98,58
2011	106,23	104,86	113,66	130,01	114,23	76,90
2012	109,18	105,17	133,83	165,10	109,58	69,08
2013	139,48	145,38	178,43	220,11	146,72	103,06
2014	151,50	158,23	208,06	256,67	149,51	114,90
2015	146,12	155,52	220,26	271,71	142,12	109,43
2016	149,92	164,97	225,86	278,62	140,66	131,59
2017	166,79	180,63	274,85	339,06	143,58	142,68
2018	147,59	161,22	284,03	346,65	131,33	102,83
2019	172,05	185,55	343,74	419,52	151,85	111,41
2020	150,20	166,23	321,36	392,21	127,41	104,96
2021	166,39	189,74	368,15	449,30	144,83	120,11

Vemos que la cartera sin acciones financieras fue más rentable que la de referencia. Los bancos suelen distorsionar en cierta medida las estrategias de inversión. El peor valor de la cartera 10 Valores Menos Volátiles fue precisamente un banco: Bankia, que perdió un 89,15% en 2012. Los tres siguientes peores también fueron bancos: Popular, Santander y BBVA en 2008, todos ellos con pérdidas superiores al 40%.

El peor valor no financiero fue Merlin Properties en 2020 (-38,02%).

En el primer subperíodo, hubo 17 entidades financieras en la cartera 10 Valores Menos Volátiles, es decir, el 21% de los valores. Esas acciones penalizaron la rentabilidad, pues esta fue del 7,51% anual para la cartera con entidades financieras pero del 10,36% anual sin bancos.

En el segundo subperíodo (2014-2021), en cambio, solo hubo tres entidades financieras, que además contribuyeron de forma positiva. La cartera con entidades financieras fue ligeramente superior (9,48% anual vs. 9,33% anual).

5.4. La cartera 10 Valores Menos Volátiles trimestral vs. anual

En la primera edición de esta monografía, la cartera 10 Valores Menos Volátiles resultaba ser más rentable con actualizaciones trimestrales que anuales. En el período entonces considerado (2010 a 2018), las rentabilidades fueron de un 10,27% anual con actualizaciones trimestrales, y un 9,05% anual con actualizaciones anuales.

En el período extendido analizado en esta edición, se ha constatado que la frecuencia trimestral dio mejores resultados en el subperíodo 2006-2013, mientras que la frecuencia anual fue mejor en el siguiente subperíodo (2014-2021).

En el período completo (2006-2021), la rentabilidad ha sido similar con ambas frecuencias. La cartera 10 Valores Menos Volátiles ganó un 8,90% anual con cambios trimestrales y un 8,49% anual con cambios anuales.

Respecto a la cartera 10 Valores Menos Volátiles sin acciones financieras, las dos frecuencias de actualización han dado resultados similares, tanto en el período completo como en ambos subperíodos. En el período completo (2006-2021), la rentabilidad fue del 10,17% anual con actualizaciones trimestrales y del 9,85% anual con cambios anuales.

Por tanto, ambas carteras pueden ser actualizadas una sola vez al año y obtener una rentabilidad similar a la que se obtendría con una revisión trimestral, beneficiándose además de menores comisiones.

Año	Referencias		10 Menos Volátiles		10 Menos Volátiles sin financieros	
	IBEX 35	Media 35	Trimestral	Anual	Trimestral	Anual
2006	36,04%	40,63%	36,66%	33,94%	36,81%	33,57%
2007	10,71%	1,11%	9,23%	10,39%	19,13%	14,46%
2008	-36,50%	-34,95%	-25,39%	-26,65%	-28,66%	-22,01%
2009	38,27%	29,21%	16,09%	13,22%	17,92%	16,31%
2010	-12,93%	-8,96%	-2,67%	-2,88%	-3,91%	-1,64%
2011	-7,75%	-3,63%	2,61%	-4,68%	2,05%	-4,68%
2012	2,78%	0,30%	19,92%	17,75%	30,16%	26,99%
2013	27,75%	38,23%	33,73%	33,32%	33,73%	33,32%
2014	8,62%	8,84%	16,18%	16,61%	16,41%	16,61%
2015	-3,55%	-1,71%	6,85%	5,86%	9,75%	5,86%
2016	2,60%	6,07%	-0,49%	2,54%	-1,42%	2,54%
2017	11,25%	9,49%	19,74%	21,69%	17,63%	21,69%
2018	-11,51%	-10,74%	1,78%	3,34%	5,60%	2,24%
2019	16,57%	15,09%	14,39%	21,02%	16,94%	21,02%
2020	-12,70%	-10,41%	-6,48%	-6,51%	-5,78%	-6,51%
2021	10,78%	14,15%	17,32%	14,56%	16,68%	14,56%
2006-2021	3,23%	4,08%	8,90%	8,49%	10,17%	9,85%
2006 - 2013	4,25%	4,79%	9,53%	7,51%	11,21%	10,36%
2014 - 2021	2,23%	3,39%	8,28%	9,48%	9,13%	9,33%

La rentabilidad media simple de los 35 valores del IBEX con actualizaciones anuales fue del 4,08% anual, superior al 3,33% anual que se obtiene con actualizaciones trimestrales. Esta diferencia se debe a que en el primer caso el cálculo se basa en la rentabilidad media de los 35 valores según la composición del índice en enero, mientras que en el segundo la composición puede cambiar en cada trimestre.

6. Impacto de los impuestos y las comisiones

6.1. Introducción

En este capítulo se analiza el impacto de los impuestos sobre los dividendos y las plusvalías, así como de las comisiones, en la rentabilidad de una cartera de valores actualizada de forma anual.

Para ello se ha usado la cartera 10 Valores Menos Volátiles sin acciones del sector financiero en el período 2010-2018. La composición se basa en la volatilidad media de los cuatro trimestres anteriores a la selección, mientras que en el capítulo anterior se ha tenido en cuenta la volatilidad media del segundo semestre, de modo que puede haber algunas diferencias en la composición.

En primer lugar, examinaremos la rentabilidad de la cartera teniendo en cuenta impuestos sobre los dividendos y las comisiones de compraventa, pero no los impuestos sobre las plusvalías ya que estos dependen del año en que se empieza a invertir. Quien hubiese empezado en 2010 habría acumulado dos años de rentabilidades negativas, lo que sin embargo le habría permitido deducir impuestos en el año de fuertes ganancias de 2012. En cambio, quien hubiera empezado a invertir en 2012 habría pagado impuestos más elevados sobre las plusvalías realizadas ese año.

En el apartado 6.3 veremos el caso de un inversor que hubiese empezado a invertir en enero de 2010 en esta cartera y hubiese llevado a cabo todas las actualizaciones, de tal forma que habría generado plusvalías fiscales. Esto nos permitirá evaluar el impacto real de los impuestos sobre las plusvalías en la rentabilidad de la cartera.

6.2. Composición y número de actualizaciones

En las páginas siguientes se recoge la composición de la cartera 10 Valores Menos Volátiles sin acciones financieras actualizada una vez al año (al cierre del mes de diciembre), a lo largo del período 2010-2018.

Hasta el 31 de diciembre de 2014 los primeros 1.500 euros de dividendos estaban exentos de tributación. Sin embargo, para cada año la rentabilidad neta de cada valor se ha calculado a partir de una retención fiscal del 19% sobre los dividendos, con objeto de seguir una pauta común en todo el período. Por otro lado, hasta el 31 de diciembre de 2016, la percepción de derechos de suscripción no tributaba pero se ha aplicado la misma tasa del 19% por el mismo motivo. Los accionistas que en vez de vender los derechos hubieran suscrito nuevas acciones habrían obtenido rentabilidades netas más elevadas que las indicadas en las tablas, pues habrían evitado tributar por las rentas obtenidas.

También se indican los cambios de composición de la cartera en cada año. La rotación es el número de cambios multiplicado por dos (ya que por cada valor vendido hay que comprar otro) y por 10% (ya que cada valor pondera ese porcentaje).

Supondremos que la comisión de compraventa de valores es del 0,25% sobre el importe de la operación. En las sucesivas actualizaciones anuales, el coste total en comisiones en relación al capital equivale a la rotación de la cartera multiplicado por la comisión de compraventa. Por ejemplo, si un año salen cuatro valores, tienen que entrar otros cuatro. Esto significa que la rotación es del 80%, ya que hay que realizar ocho operaciones (cuatro de venta y cuatro de compra) y porque cada valor pondera el 10% en la cartera. En este caso, el impacto de las comisiones sobre la rentabilidad será del 80% x 0,25% = 0,2%. En general, dicho impacto será igual al número de cambios multiplicado por dos, multiplicado por 10% y multiplicado por 0,25% (o la comisión de compraventa de nuestro intermediario bursátil). Se trata de una cifra aproximada, ya que un valor que sale de la cartera puede suponer más del 10% de la misma si ha sido más rentable que la media de la cartera o menos del 10% en caso contrario.

Cada año han salido y entrado tres o cuatro valores, de modo que la rotación ha sido del 60% o del 80%. Por tanto, el impacto teórico de las comisiones sobre la rentabilidad de la cartera ha sido de entre el 0,15% y el 0,20% anual.

En el apartado 6.3 tendremos en cuenta la rotación efectiva ya que será necesario calcular la plusvalía para cada valor vendido.

6.2.1. Composición inicial

La composición inicial de la cartera 10 Valores Menos Volátiles sin acciones financieras, formada en diciembre de 2009, aparece en la siguiente tabla. Los valores están ordenados en función de su volatilidad en el ejercicio anterior. Como en la cartera inicial es preciso adquirir todos los valores, el coste total en comisiones en relación al capital invertido es también del 0,25%. Así, mientras que la rentabilidad con dividendos netos fue negativa en un 6,83%, la rentabilidad después de comisiones fue negativa en un 7,08%. En 2010 el IBEX 35 con dividendos brutos perdió un 12,93% (un 13,80% con dividendos netos).

VALOR	Volatilidad 2009	Precio 31-12-2009	Precio 31-12-2010	Pago total 2010	Rentabilidad 2010 Bruta	Rentabilidad 2010 Neta
TELEFÓNICA	0,99%	19,520	16,970	1,300	-6,40%	-7,67%
INDRA	1,09%	16,460	12,785	0,660	-18,32%	-19,08%
EBRO PULEVA	1,12%	14,530	15,830	0,400	11,70%	11,18%
RED ELECTRICA	1,13%	9,705	8,800	0,370	-5,52%	-6,24%
ENAGAS	1,14%	15,43	14,910	0,778	1,71%	0,75%
ACS	1,22%	34,810	35,080	2,050	6,66%	5,55%
ABERTIS	1,30%	15,720	13,450	1,157	-7,08%	-8,48%
IBERDROLA	1,31%	6,67	5,768	0,337	-8,47%	-9,43%
IBERDROLA RENOVABLES	1,32%	3,320	2,660	0,025	-19,13%	-19,27%
GRIFOLS	1,34%	6,103	5,100	0,064	-15,38%	-15,58%
Cartera					-6,02%	-6,83%

6.2.2. La cartera en 2011

Cambios de composición en diciembre de 2010:
Salen Abertis, Iberdrola, Iberdrola Renovables, Grifols.
Entran Acerinox, Criteria, BME, Gas Natural.
Total cambios: 4. Rotación aproximada: 80%.
Coste aproximado en comisiones: 80% x 0,25% = 0,2%

VALOR	Volatilidad 2010	Precio 31-12-2010	Precio 31-12-2011	Pago total 2011	Rentabilidad 2011 Bruta	Rentabilidad 2011 Neta
EBRO FOODS	1,00%	15,830	14,350	0,416	-6,72%	-7,22%
ACS	1,11%	35,080	22,900	2,050	-28,88%	-29,99%
INDRA	1,11%	12,785	9,840	0,680	-17,72%	-18,73%
TELEFÓNICA	1,12%	16,970	13,390	1,520	-12,14%	-13,84%
ACERINOX	1,15%	13,12	9,910	0,450	-21,04%	-21,69%
CRITERIA	1,15%	3,980	4,810	0,110	23,61%	23,08%
RED ELECTRICA	1,16%	8,800	8,268	0,469	-0,72%	-1,74%
BME	1,19%	17,83	20,800	1,972	27,72%	25,62%
ENAGÁS	1,20%	14,910	14,290	0,907	1,92%	0,77%
GAS NATURAL	1,21%	11,490	13,270	0,813	22,57%	21,22%
Cartera					-1,14%	-2,25%

En el caso de Criteria, la rentabilidad es hasta el 30 de junio de 2011, pues el 1 de julio el holding de inversiones experimentó una reorganización societaria que dio lugar a CaixaBank.

En 2011, la rentabilidad bruta y neta de la cartera fue del -1,14% y del -2,25% respectivamente. Tras deducir un coste en comisiones del 0,2%, la rentabilidad neta de impuestos y de comisiones fue del -2,45%. La rentabilidad bruta del IBEX 35 fue negativa en un 7,75% y en un 8,79% después de impuestos sobre los dividendos.

6.2.3. La cartera en 2012

Cambios de composición en diciembre de 2011:
Salen ACS, Criteria, BME, Gas Natural.
Entran Inditex, Grifols, Amadeus, Abertis.
Total cambios: 4.
Rotación aproximada: 80%.
Coste aproximado en comisiones: 80% x 0,25% = 0,2%.

VALOR	Volatilidad 2011	Precio 31-12-2011	Precio 31-12-2012	Pago total 2012	Rentabilidad 2012 Bruta	Rentabilidad 2012 Neta
EBRO	1,05%	14,350	15,000	0,450	7,67%	7,07%
INDITEX	1,21%	63,280	105,500	1,800	69,56%	69,02%
GRIFOLS	1,22%	13,000	26,360	0,000	102,77%	102,77%
TELEFÓNICA	1,27%	13,390	10,190	0,815	-17,81%	-18,97%
INDRA	1,29%	9,84	10,020	0,680	8,74%	7,43%
ENAGÁS	1,30%	14,290	16,140	1,040	20,22%	18,84%
REE	1,34%	33,070	37,300	2,212	19,48%	18,21%
AMADEUS	1,34%	12,54	19,050	0,370	54,86%	54,30%
ABERTIS	1,35%	12,340	12,420	0,690	6,24%	5,18%
ACERINOX	1,35%	9,910	8,340	0,350	-12,31%	-12,98%
Cartera					25,94%	25,09%

La rentabilidad neta después de impuestos sobre dividendos y comisiones fue del 24,89% en 2012, mientras que el IBEX 35 solo ganó un 2,78% bruto y un 1,17% neto.

6.2.4. La cartera en 2013

Cambios de composición en diciembre de 2012:
Salen Ebro Foods, Indra, Acerinox.
Entran Viscofán, BME, Ferrovial.
Total cambios: 3.
Rotación aproximada: 60%.
Coste aproximado en comisiones: 60% x 0,25% = 0,15%.

En 2013 solo hubo tres cambios y el impacto de las comisiones fue menor. La rentabilidad después de impuestos sobre dividendos y comisiones fue del 31,47%. La rentabilidad del IBEX 35 fue mayor aún, del 38,27% en términos brutos y del 36,63% en términos netos.

VALOR	Volatilidad	Precio		Pago total	Rentabilidad 2013	
	2012	31-12-2012	31-12-2013	2013	Bruta	Neta
VISCOFÁN	1,12%	42,810	41,350	1,100	-0,84%	-1,33%
AMADEUS	1,12%	19,050	31,110	0,500	65,93%	65,43%
GRIFOLS	1,15%	26,360	34,770	0,100	32,28%	32,21%
ENAGÁS	1,18%	16,140	19,000	1,180	25,03%	23,64%
ABERTIS	1,20%	12,42	16,150	1,369	41,05%	38,96%
REE	1,24%	9,325	12,125	0,593	36,38%	35,17%
BME	1,25%	18,450	27,660	1,742	59,36%	57,57%
INDITEX	1,27%	21,10	23,960	0,440	15,64%	15,24%
FERROVIAL	1,30%	11,200	14,070	0,650	31,43%	30,33%
TELEFÓNICA	1,41%	10,190	11,840	0,350	19,63%	18,97%
Cartera					32,59%	31,62%

6.2.5. La cartera en 2014

Cambios de composición en diciembre de 2013:
Salen Grifols, BME, Ferrovial.
Entran Ebro Foods, Gas Natural, Técnicas.
Total cambios: 3.
Rotación aproximada: 60%.
Coste aproximado en comisiones: 60% x 0,25% = 0,15%.

Al igual que en 2013, solo fueron necesarios tres cambios. La rotación, en caso de un reajuste perfecto de ponderaciones, hubiera sido del 60%. La cartera tuvo una rentabilidad del 13,22% bruto, del 12,36% neto y del 12,21% después de comisiones. De nuevo presentó ventaja ante el IBEX 35, que ganó un 8,62% bruto y un 7,56% neto.

VALOR	Volatilidad	Precio		Pago total	Rentabilidad 2014	
	2013	31-12-2013	31-12-2014	2014	Bruta	Neta
AMADEUS	0,73%	31,110	33,090	0,625	8,37%	7,99%
EBRO	0,74%	17,035	13,710	0,520	-16,47%	-17,05%
ENAGAS	0,80%	19,000	26,190	1,284	44,60%	43,32%
ABERTIS	0,86%	16,150	16,430	1,464	10,80%	9,08%
GAS NATURAL	0,86%	18,70	20,810	0,897	16,08%	15,17%
TELEFÓNICA	0,89%	11,840	11,920	0,736	6,89%	5,71%
REE	0,89%	12,125	18,303	0,635	56,18%	55,19%
VISCOFÁN	0,91%	41,35	44,070	1,154	9,37%	8,84%
TECNICAS	0,92%	39,490	36,290	1,396	-4,57%	-5,24%
INDITEX	0,92%	23,960	23,710	0,484	0,98%	0,59%
Cartera					13,22%	12,36%

6.2.6. La cartera en 2015

Cambios de composición en diciembre de 2014:
Salen Ebro Foods, Viscofán, Técnicas.
Entran Iberdrola, Repsol, Ferrovial.
Total cambios: 3 .
Rotación aproximada: 60%.
Coste aproximado en comisiones: 60% x 0,25% = 0,15%.

La cartera volvió a batir al IBEX 35, pues ganó un 8,08% bruto y un 7,20% neto (7,05% después de comisiones), mientras que el selectivo perdió un 3,55% bruto y un 4,27% neto.

VALOR	Volatilidad	Precio		Pago total	Rentabilidad 2015	
	2014	31-12-2014	31-12-2015	2015	Bruta	Neta
IBERDROLA	0,67%	5,600	6,550	0,143	19,52%	19,03%
TELEFÓNICA	0,88%	11,920	10,230	0,897	-6,65%	-8,08%
REPSOL	0,92%	15,550	10,120	0,950	-28,81%	-29,97%
ENAGAS	0,93%	26,190	26,000	1,308	4,27%	3,32%
GAS NATURAL	0,94%	20,81	18,820	0,908	-5,20%	-6,03%
FERROVIAL	0,94%	16,430	20,850	0,702	31,17%	30,36%
AMADEUS	0,95%	33,090	40,690	0,700	25,08%	24,68%
ABERTIS	0,95%	16,43	14,410	1,394	-3,81%	-5,42%
INDITEX	0,97%	23,710	31,690	0,520	35,85%	35,43%
RED ELECTRICA	0,99%	18,303	19,278	0,748	9,41%	8,64%
Cartera					8,08%	7,20%

6.2.7. La cartera en 2016

Cambios de composición en diciembre de 2015:
Salen Telefónica, Repsol, Inditex.
Entran Endesa, Grifols, Merlín Properties.
Total cambios: 3.
Rotación aproximada: 60%.
Coste aproximado en comisiones: 60% x 0,25% = 0,15%.

El año 2016, en cambio, fue favorable a los valores más volátiles, como vimos en el apartado 2.8.
La cartera perdió un 0,80% bruto y un 1,74% neto, mientras que el IBEX 35 ganó un 2,60% bruto y un 1,72% neto.
Por cuarto año consecutivo, solo hubieran hecho falta tres cambios para mantener la cartera actualizada.

VALOR	Volatilidad	Precio		Pago total	Rentabilidad 2016	
	2015	31-12-2015	31-12-2016	2016	Bruta	Neta
IBERDROLA	0,89%	6,550	6,230	0,281	-0,60%	-1,41%
RED ELECTRICA	0,90%	19,278	17,920	0,803	-2,88%	-3,67%
ENAGAS	0,92%	26,000	24,130	1,348	-2,01%	-2,99%
FERROVIAL	0,98%	20,850	17,000	0,719	-15,02%	-15,67%
ENDESA	1,00%	18,52	20,130	1,726	18,01%	16,24%
ABERTIS	1,04%	14,410	13,300	1,405	2,05%	0,19%
AMADEUS	1,09%	40,690	43,170	0,775	8,00%	7,64%
GAS NATURAL	1,09%	18,82	17,910	1,330	2,23%	0,89%
GRIFOLS	1,17%	21,315	18,880	0,313	-9,96%	-10,23%
MERLIN PROP.	1,19%	11,550	10,330	0,313	-7,85%	-8,37%
Cartera					-0,80%	-1,74%

6.2.8. La cartera en 2017

Cambios de composición en diciembre de 2016:
Salen Ferrovial, Gas Natural, Grifols, Merlín Properties.
Entran Viscofán, Aena, Acciona, Cellnex.
Total cambios: 4. Rotación aproximada: 80%.
Coste aproximado en comisiones: 80% x 0,25% = 0,20%.

VALOR	Volatilidad	Precio		Pago total	Rentabilidad 2017	
	2016	31-12-2016	31-12-2017	2017	Bruta	Neta
RED ELECTRICA	0,76%	17,920	18,710	0,859	9,20%	8,29%
ENAGAS	0,86%	24,130	23,870	1,418	4,80%	3,68%
ENDESA	0,86%	20,130	17,850	1,333	-4,70%	-5,96%
IBERDROLA	0,89%	6,230	6,460	0,312	8,70%	7,75%
VISCOFAN	0,94%	46,85	55,010	1,490	20,60%	19,99%
AMADEUS	0,96%	43,170	60,110	0,940	41,42%	41,00%
ABERTIS	1,00%	13,300	18,550	0,770	45,26%	44,16%
AENA	1,02%	129,65	169,000	3,830	33,31%	32,74%
ACCIONA	1,06%	69,930	68,040	2,875	1,41%	0,63%
CELLNEX	1,07%	13,660	21,350	0,086	56,93%	56,81%
Cartera					21,69%	20,91%

En diciembre de 2016 de nuevo se hubieran requerido cuatro cambios, por lo que la rotación de la cartera fue del 80%.

La rentabilidad fue del 21,69% bruto, del 20,91% neto y del 20,71% después de comisiones, el doble que la del IBEX 35 con dividendos, que fue de un 11,25% bruto y un 10,51% neto.

6.2.9. La cartera en 2018

Cambios de composición en diciembre de 2017:
Salen Endesa, Abertis, Acciona, Cellnex.
Entran Merlín, Naturgy, Respol, Inditex.
Total cambios: 4.
Rotación aproximada: 80%.
Coste aproximado en comisiones: 80% x 0,25% = 0,20%.

La rentabilidad de la cartera fue de solo el 0,08% neto (-0,12% después de comisiones), pero el IBEX 35 perdió un 11,51% con dividendos brutos y un 12,17% con dividendos netos.

VALOR	Volatilidad 2017	Precio 31-12-2017	Precio 31-12-2018	Pago total 2018	Rentabilidad 2018 Bruta	Rentabilidad 2018 Neta
MERLIN PROPERTIES	0,63%	11,300	10,790	0,460	-0,44%	-1,22%
ENAGAS	0,71%	23,870	23,610	1,488	5,14%	3,96%
NATURGY	0,73%	19,250	22,260	1,400	22,91%	21,53%
REPSOL	0,74%	14,740	14,080	0,896	1,60%	0,45%
RED ELECTRICA	0,74%	18,71	19,500	0,919	9,13%	8,20%
IBERDROLA	0,76%	6,460	7,020	0,326	13,72%	12,76%
VISCOFAN	0,76%	55,010	48,120	1,690	-9,45%	-10,04%
INDITEX	0,76%	29,05	22,350	0,750	-20,48%	-20,97%
AMADEUS	0,77%	60,110	60,840	1,135	3,10%	2,74%
AENA	0,80%	169,000	135,750	6,500	-15,83%	-16,56%
Cartera					0,94%	0,08%

6.2.10. Resumen del período 2010-2018

En el conjunto del período 2010-2018, la cartera 10 Valores Menos Volátiles actualizada una vez al año ganó un 9,77% anual con dividendos brutos (ver tabla en la página siguiente). Recordemos que en este capítulo se ha tenido en cuenta la volatilidad media de los cuatro trimestres del año anterior a la selección.

Con dividendos netos (suponiendo una tasa impositiva del 19%), la rentabilidad fue del 8,86% anual. Si además tenemos en cuenta las comisiones de compraventa (suponiendo que estas son del 0,25% sobre el importe de la operación), el resultado fue del 8,68% anual. Así, el impacto combinado sobre la rentabilidad de la cartera de los impuestos sobre los dividendos y de las comisiones hubiera sido de un 1,09% anual.

En el mismo período, el IBEX 35 con dividendos brutos ganó un 1,23% anual y un 0,24% anual con dividendos netos.

Año	10 Menos Volátiles no financieros			IBEX 35	
	con dividendos brutos	con dividendos netos	con div. netos y comisiones	con dividendos brutos	con dividendos netos
2010	-6,02%	-6,83%	-7,08%	-12,93%	-13,80%
2011	-1,14%	-2,25%	-2,45%	-7,75%	-8,79%
2012	25,94%	25,09%	24,89%	2,78%	1,17%
2013	32,59%	31,62%	31,47%	27,75%	26,39%
2014	13,22%	12,36%	12,21%	8,62%	7,56%
2015	8,08%	7,20%	7,05%	-3,55%	-4,27%
2016	-0,80%	-1,74%	-1,89%	2,60%	1,72%
2017	21,69%	20,91%	20,71%	11,25%	10,51%
2018	0,94%	0,08%	-0,12%	-11,51%	-12,17%
2010-2018	9,77%	8,86%	8,68%	1,23%	0,24%

6.3. Rentabilidad neta después de impuestos sobre plusvalías

En este apartado veremos la rentabilidad de la cartera suponiendo que empezamos a invertir en ella en enero de 2010 y que cada año hubiésemos llevado a cabo las actualizaciones indicadas en el apartado anterior, lo cual hubiera generado plusvalías sujetas al impuesto de la renta. Es decir, no solo tendremos en cuenta los impuestos sobre los dividendos sino también sobre las plusvalías realizadas.

En el apartado anterior hemos supuesto de forma implícita que cada año la cartera es reequilibrada de tal modo que cada valor tiene la misma ponderación, o sea un 10% sobre el capital (ya que siempre hay diez valores). Sin embargo, en la práctica puede ser complicado llevar a cabo ese reajuste, sobre todo si el capital no es elevado ya que las comisiones porcentuales sobre pequeños importes pueden resultar demasiado altas. Por este motivo, a continuación supondré que las ponderaciones no se reajustan, con objeto de realizar el menor número posible de operaciones de compraventa y limitar así el impacto de las comisiones.

A continuación se dedica un apartado a analizar la rentabilidad neta de impuestos sobre dividendos y plusvalías y comisiones para cada año de 2010 a 2018. El ingreso total de la venta de los tres o cuatro valores que salen cada año, junto con el efectivo acumulado durante el ejercicio (dividendos netos percibidos menos las comisiones pagadas), se reinvierte en los tres o cuatro valores entrantes, independientemente de la ponderación que supongan los nuevos valores sobre el conjunto de la cartera.

6.3.1. Rentabilidad neta en 2010

Partimos de un capital inicial en diciembre de 2009 de 10.000 €. Como hemos supuesto unas comisiones del 0,25%, la cantidad invertida en cada uno de los diez valores es de 997,50 €. En la práctica, la cantidad habría sido algo superior o algo inferior en función del precio de la acción pero he distribuido las cantidades de forma equitativa ya que hacerlo de otro modo hubiera requerido cierta arbitrariedad. La cantidad efectivamente invertida en cada valor es de 1.000 €, ya que hay que incluir el coste de las comisiones, pero a efectos de calcular la rentabilidad es preciso tomar como referencia el valor de mercado inicial de cada posición. Por este motivo, las comisiones de compra se deducen de las cantidades invertidas. En cambio, las comisiones sobre las ventas se deducen del efectivo obtenido con los ingresos de los dividendos.

En la tabla se han encuadrado en blanco los importes correspondientes a los valores que salen de la cartera al final del ejercicio.

VALOR	31-12-2009	31-12-2010			
		capital	div. brutos	div netos	plusv. realizadas
TELEFÓNICA	997,50€	867,19 €	66,43 €	53,81 €	
INDRA	997,50€	774,79 €	40,00 €	32,40 €	
EBRO PULEVA	997,50€	1.086,75 €	27,46 €	22,24 €	
RED ELECTRICA	997,50€	904,48 €	37,98 €	30,76 €	
ENAGAS	997,50€	964,20 €	50,31 €	40,75 €	
ACS	997,50€	1.005,24 €	58,74 €	47,58 €	
ABERTIS	997,50€	853,46 €	73,40 €	59,45 €	-144,04 €
IBERDROLA	997,50€	862,61 €	50,40 €	40,82 €	-134,89 €
IBERDROLA RENOVABLES	997,50€	799,20 €	7,51 €	6,08 €	-198,30 €
GRIFOLS	997,50€	833,63 €	10,44 €	8,46 €	-163,87 €
Total dividendos / plusvalías realizadas			422,68€	342,37€	-641,10€
Comisiones s/ventas		-8,37€			
Total efectivo		334,00 €			
Valor cartera	9.975,00 €	8.951,54 €			
Capital total	9.975,00 €	9.285,54 €			

En la cuarta y en la quinta columna figuran los dividendos brutos y los netos respectivamente. La última columna recoge las plusvalías realizadas con los valores que salen de la cartera.

El efectivo total es la suma de los dividendos netos menos las comisiones sobre ventas. Recordemos que las comisiones sobre compras se deducen directamente de las cantidades invertidas. El capital total al final del ejercicio es la suma del valor de mercado de la cartera y del efectivo.

Al final de cada año se ha supuesto que se reinvierte la totalidad del efectivo disponible.

Hay que tener en cuenta que solo las plusvalías realizadas son objeto de tributación. Mientras un valor permanezca en cartera las ganancias de capital son solo potenciales y no tienen efectos fiscales. Por otro lado, las comisiones de compraventa son gastos deducibles.

Los dividendos brutos fueron de 422,68 € y los netos, de 342,37 €. Es decir, los impuestos pagados sobre los dividendos fueron de 80,31 €. Se ha supuesto una tasa impositiva del 19%, que es la que corresponde a unos ingresos del ahorro de hasta 6.000 €.

Las ventas proporcionaron unos ingresos de 3.348,90 €. La cantidad disponible para reinvertir fue este último importe menos 8,37 € de comisiones (el 0,25% de 3.348,90 €) más los 342,37 € de dividendos netos, o sea un total de 3.682,90 €.

Las ventas realizadas generaron unas minusvalías totales de 641,10 €. Además se pagaron 80,31 € en impuestos sobre dividendos y un total de 33,37 € en comisiones (25 € sobre compras y 8,37 € sobre ventas).

La cartera 10 Valores Menos Volátiles sin acciones financieras en 2010	
Compras al inicio del año	10.000€
Comisiones sobre compras (descontadas en la cantidad invertida)	25€
Ventas al final del año	3.348,90 €
Comisiones sobre ventas	8,37 €
Impuestos sobre dividendos	80,31 €
Plusvalías realizadas	-641,10 €
Resultado fiscal (plusvalías realizadas - imptos. s/dividendos - comisiones)	-754,78 €
Resultado fiscal acumulado	-754,78 €
IRPF sobre resultado fiscal acumulado	0,00 €
Rentabilidad neta en euros	-714,46 €
Rentabilidad neta en %	-7,14%
Disponible para invertir (Ventas + dividendos netos - comisiones s/ventas)	3.682,90 €

Así, el resultado fiscal en 2010 fue negativo en 754,78 €, que podrá ser compensado con resultados positivos en los cuatro ejercicios siguientes. La rentabilidad de la cartera, que tiene en cuenta las plusvalías tanto de los valores vendidos como la de los valores conservados, fue negativa en 714,46 €.

6.3.2. Rentabilidad neta en 2011

En enero de 2011 entraron Acerinox, Criteria, BME y Gas Natural.

En el apartado anterior vimos que la cifra disponible para reinvertir era de 3.682,90 €. Este importe se distribuyó a partes iguales entre los cuatro valores entrantes tras deducir 9,18 € de comisiones de compra. Así, se invirtió 918,43 € en cada valor (puede haber ligeras diferencias por redondeo de decimales).

Las ponderaciones de cada valor de la cartera son diferentes porque no reequilibramos las cantidades destinadas a cada uno, con objeto de minimizar el número de operaciones. El valor que más ponderaba a principios de 2011 era Ebro, con un 11,7%, y el que menos era Indra, con un 8,3%.

En la tabla siguiente, los valores entrantes han sido destacados en negrita.

Después de las compras, el capital total valorado el 31 de diciembre de 2010 era de 9.276,36 €. Esta cifra es 9,18 € inferior al capital indicado en la misma fecha en el primer cuadro del apartado anterior (9.285,54 €). Esos 9,18 € son las comisiones sobre las compras.

VALOR	31-12-2010	31-12-2011				
		capital	div. brutos	div netos	plusv. realizadas	
EBRO PULEVA	1.086,75€	985,14 €	28,56 €	23,13 €		
ACS	1.005,24€	656,21 €	58,74 €	47,58 €	-341,29 €	
INDRA	774,79€	596,32 €	41,21 €	33,38 €		
TELEFÓNICA	867,19€	684,25 €	77,67 €	62,92 €		
ACERINOX	**918,43€**	693,72 €	31,50 €	25,52 €		
CRITERIA	**918,43€**	1.109,84 €	25,38 €	20,56 €	191,42 €	
RED ELECTRICA	904,48€	849,75 €	48,18 €	39,03 €		
BME	**918,43€**	1.071,41 €	101,58 €	82,28 €	152,99 €	
ENAGAS	964,20€	924,10 €	58,65 €	47,51 €		
GAS NATURAL	**918,43€**	1.060,71 €	64,99 €	52,64 €	142,28 €	
Total dividendos / plusvalías realizadas			536,47€	434,54€	145,39€	
Comisiones s/ventas		-9,75€				
Total efectivo		424,79 €				
Valor cartera	9.276,36 €	8.631,46 €				
Capital total	9.276,36 €	9.056,26 €				

Al final del primer semestre de 2011 se procedió a vender las acciones de Criteria, ya que este holding empresarial segregó su actividad, de la cual una parte dejó de cotizar en bolsa y la otra se transformó en CaixaBank.

Al final del año se vendió ACS, BME y Gas Natural. En el caso de ACS, la minusvalía es la diferencia entre el valor de mercado al final de 2011 y el valor de mercado al final de 2009, ya que esta fue la fecha de adquisición. Las demás acciones vendidas habían sido adquiridas al inicio del mismo año, de modo que la plusvalía es la diferencia entre el valor de mercado al final de 2011 respecto al valor al final de 2010.

En conjunto, las plusvalías realizadas fueron de 145,39 €. Como se pagaron 101,93 € de impuestos sobre dividendos y un total de 18,96 € de comisiones sobre compras y sobre ventas, el resultado fiscal fue positivo en 24,51 €. Sin embargo, al haber habido un resultado fiscal negativo de 754,78 € en 2010, el resultado fiscal acumulado seguía siendo negativo.

La rentabilidad neta de la cartera fue negativa en 220,10 €, o sea más negativa que la rentabilidad fiscal, debido a que el conjunto de los valores conservados perdió más que el conjunto de valores vendidos. En porcentaje, la rentabilidad fue del -2,37%, similar a la teórica del -2,45% (ver apartado 6.2.2).

Por las ventas se ingresaron 3.898,18 €. El total de comisiones sobre ventas fue de 9,75 € y el total de dividendos netos ingresados fue de 434,54 €. Así, al final de 2011 había 4.322,97 € disponibles para reinvertir.

La cartera 10 Valores Menos Volátiles sin acciones financieras en 2011	
Compras al inicio del año	3.682,90€
Comisiones sobre compras (descontadas en la cantidad invertida)	9,21€
Ventas al final del año	3.898,18 €
Comisiones sobre ventas	9,75 €
Impuestos sobre dividendos	101,93 €
Plusvalías realizadas	145,39 €
Resultado fiscal (plusvalías realizadas - imptos. s/dividendos - comisiones)	24,51 €
Resultado fiscal acumulado	-730,27 €
IRPF sobre resultado fiscal acumulado	0,00 €
Rentabilidad neta en euros	-220,10 €
Rentabilidad neta en %	-2,37%
Disponible para invertir (Ventas + dividendos netos - comisiones s/ventas)	4.322,97 €

6.3.3. Rentabilidad neta en 2012

A finales de 2011 entraron Inditex, Grifols, Amadeus y Abertis (valores señalados en negrita en la tabla siguiente). La cantidad de 4.322,97 € disponible para reinvertir (ver apartado anterior) se distribuyó a partes iguales entre las cuatro empresas. Tras deducir las comisiones de compra, el capital invertido en cada una de ellas fue de 1.078,05 €.

La cartera quedó más desequilibrada que el año anterior, pues al inicio de 2012 las acciones entrantes ponderaban un 11,9% mientras que Indra tenía un peso del 6,6%, casi la mitad.

Los dividendos netos percibidos durante 2012 fueron de 311,93 €, tras haber pagado 73,17 € en retenciones fiscales.

Al final de 2012, se procedió a vender Ebro Foods, Indra y Acerinox. Vemos, por ejemplo, que las acciones de Indra dieron rentabilidad positiva en 2012 pero la plusvalía realizada fue negativa en 390,27 € porque el valor de mercado al final de 2012 fue de 607,23 € y se habían invertido 997,50 € en estas acciones en diciembre de 2009.

En conjunto, las plusvalías realizadas fueron negativas en 692,62 €.

VALOR	31-12-2011	31-12-2012			
		capital	div. brutos	div netos	plusv. realizadas
EBRO FOODS	985,14 €	1.029,77 €	30,89 €	25,02 €	32,27 €
INDITEX	**1.078,05 €**	1.797,31 €	30,67 €	24,84 €	
GRIFOLS	**1.078,05 €**	2.185,95 €	0,00 €	0,00 €	
TELEFÓNICA	684,25 €	520,72 €	41,65 €	33,73 €	
INDRA	596,32 €	607,23 €	41,21 €	33,38 €	-390,27 €
ENAGAS	924,10 €	1.043,74 €	67,24 €	54,47 €	
RED ELECTRICA	849,75 €	958,44 €	56,85 €	46,05 €	
AMADEUS	**1.078,05 €**	1.637,70 €	31,81 €	25,76 €	
ABERTIS	**1.078,05 €**	1.085,04 €	60,28 €	48,83 €	
ACERINOX	693,72 €	583,82 €	24,50 €	19,85 €	-334,61 €
Total dividendos / plusvalías realizadas			385,09€	311,93€	-692,62€
Comisiones s/ventas		-5,55€			
Total efectivo		306,37 €			
Valor cartera	9.045,48 €	11.449,72 €			
Capital total	9.045,48 €	11.756,10 €			

Las minusvalías realizadas (692,92 €) más los impuestos sobre los dividendos (73,17 €) más las comisiones sobre ventas y compras (16,36 €) dieron un resultado fiscal negativo de 782,14 €, de forma que el resultado fiscal acumulado ya era negativo en 1.512,41 €.

En cambio, la rentabilidad de la cartera fue de 2.710,62 €. Esta gran diferencia respecto al resultado fiscal se debe a que los valores más rentables fueron conservados, en particular Amadeus, Grifols e Inditex.

La rentabilidad de la cartera en porcentaje fue del 29,97%, superior a la teórica de 24,89% (ver apartado 6.2.3) que hubiera resultado de reajustar los valores de la cartera para que estos tuvieran la misma ponderación.

Las ventas realizadas dieron unos ingresos de 2.220,81 €. Tras sumar los dividendos netos y restar las comisiones sobre las ventas, la cantidad total disponible para invertir al final de 2012 fue de 2.527,18 €.

La cartera 10 Valores Menos Volátiles sin acciones financieras en 2012	
Compras al inicio del año	4.322,97€
Comisiones sobre compras (descontadas en la cantidad invertida)	10,81€
Ventas al final del año	2.220,81 €
Comisiones sobre ventas	5,55 €
Impuestos sobre dividendos	73,17 €
Plusvalías realizadas	-692,62 €
Resultado fiscal (plusvalías realizadas - imptos. s/dividendos - comisiones)	-782,14 €
Resultado fiscal acumulado	-1.512,41 €
IRPF sobre resultado fiscal acumulado	0,00 €
Rentabilidad en euros	2.710,62 €
Rentabilidad en %	29,97%
Disponible para invertir (Ventas + dividendos netos - comisiones s/ventas)	2.527,18 €

6.3.4. Rentabilidad neta en 2013

Los valores vendidos a finales de 2012 fueron sustituidos por Viscofán, BME (Bolsas y Mercados Españoles) y Ferrovial, en cada uno de los cuales se invirtieron 840,29 €. En la tabla vemos que la cartera quedó muy descompensada al no haber reequilibrado el capital entre los diferentes valores. Por ejemplo, Grifols suponía un 18,6% de la cartera y Telefónica únicamente un 4,4%.

Al final de 2013 se vendió Grifols. Si bien la plusvalía del año fue 697,41 €, la plusvalía a efectos fiscales fue de 1.885,86 €, ya que la cantidad invertida fue de 997,50 € en diciembre de 2009. Esto significaba que en 2013 había que tributar por las plusvalías obtenidas en en el conjunto de los últimos cuatro años transcurridos. También se procedió a vender BME y Ferrovial. El total de las plusvalías realizadas con los tres valores vendidos fue de 2.520,65 €.

El resultado fiscal fue minorado por los 97,66 € ya abonados en concepto de retenciones sobre los dividendos y las comisiones pagadas. En total fue de 2.403,68 €.

VALOR	31-12-2012	31-12-2013			
		capital	div. brutos	div netos	plusv. realizadas
VISCOFÁN	840,29 €	811,64 €	21,59 €	17,49 €	
INDITEX	1.797,31 €	2.935,14 €	47,17 €	38,21 €	
GRIFOLS	2.185,95 €	2.883,36 €	8,29 €	6,72 €	1.885,86 €
ENAGAS	1.043,74 €	1.228,69 €	76,31 €	61,81 €	
ABERTIS	1.085,04 €	1.410,90 €	119,60 €	96,87 €	
RED ELECTRICA	958,44 €	1.246,23 €	60,90 €	49,33 €	
BME	840,29 €	1.259,76 €	79,34 €	64,26 €	419,46 €
AMADEUS	1.637,70 €	1.859,69 €	34,15 €	27,66 €	
FERROVIAL	840,29 €	1.055,62 €	48,77 €	39,50 €	215,33 €
TELEFÓNICA	520,72 €	605,04 €	17,89 €	14,49 €	
Total dividendos / plusvalías realizadas			514,00€	416,34€	2.520,65€
Comisiones s/ventas		-13,00€			
Total efectivo		403,35 €			
Valor cartera	11.749,79 €	15.296,07 €			
Capital total	11.749,79 €	15.699,41 €			

Sin embargo, quedaba por compensar un resultado fiscal negativo de 1.512,41 € de los tres ejercicios anteriores, de modo que el resultado fiscal efectivo fue de 891,26 €. Suponiendo una tasa impositiva del 19%, el impuesto a pagar fue de 169,34 €. Tras pagar dicho impuesto, la rentabilidad neta de la cartera fue de 3.780,28 €, superior al resultado fiscal porque al final del ejercicio se conservaron valores que fueron muy rentables, como Inditex, Abertis o Red Eléctrica. La rentabilidad porcentual fue del 32,17%, algo superior al 31,47% que se habría obtenido si la cartera hubiera estado equiponderada al inicio del ejercicio (ver apartado 6.2.4). Las ventas netas realizadas, junto con los dividendos netos, proporcionaron 5.602,09 € para reinvertir.

La cartera 10 Valores Menos Volátiles sin acciones financieras en 2013	
Compras al inicio del año	2.527,18€
Comisiones sobre compras (descontadas en la cantidad invertida)	6,32€
Ventas al final del año	5.198,74 €
Comisiones sobre ventas	13,00 €
Impuestos sobre dividendos	97,66 €
Plusvalías realizadas	2.520,65 €
Resultado fiscal (plusvalías realizadas - imptos. s/dividendos - comisiones)	2.403,68 €
Resultado fiscal acumulado	891,26 €
IRPF sobre resultado fiscal acumulado	-169,34 €
Rentabilidad neta en euros	3.780,28 €
Rentabilidad neta en %	32,17%
Disponible para invertir (Ventas + dividendos netos - comisiones s/ventas)	5.602,09 €

6.3.5. Rentabilidad neta en 2014

Los valores adquiridos a finales de 2013 fueron Ebro Foods, Gas Natural y Técnicas Reunidos, en los que se invirtieron los 5.602,09 € disponibles. Al final de 2014 se procedió a la venta de Ebro Foods, Viscofán y Técnicas, lo que generó unas minusvalías de 489,78 €.

VALOR	31-12-2013	31-12-2014			
		capital	div. brutos	div netos	plusv. realizadas
AMADEUS	1.859,69 €	1.978,05 €	37,36 €	30,26 €	
EBRO FOODS	**1.862,71 €**	1.499,13 €	56,86 €	46,06 €	-363,57 €
ENAGAS	1.228,69 €	1.693,65 €	83,03 €	67,26 €	
ABERTIS	1.410,90 €	1.435,36 €	127,90 €	103,60 €	
GAS NATURAL	**1.862,71 €**	2.072,88 €	89,35 €	72,37 €	
TELEFÓNICA	605,04 €	609,13 €	37,61 €	30,46 €	
RED ELECTRICA	1.246,23 €	1.881,17 €	65,24 €	52,85 €	
VISCOFÁN	811,64 €	865,03 €	22,65 €	18,35 €	24,73 €
TECNICAS	**1.862,71 €**	1.711,77 €	65,85 €	53,34 €	-150,94 €
INDITEX	2.935,14 €	2.904,52 €	59,29 €	48,03 €	
Total dividendos / plusvalías realizadas			645,14€	522,57€	-489,78€
Comisiones s/ventas		-10,19€			
Total efectivo		512,38 €			
Valor cartera	15.685,44 €	16.650,68 €			
Capital total	15.685,44 €	17.163,05 €			

El resultado fiscal fue negativo en 636,56 € pero la cartera ganó 1.477,61 € porque los valores más rentables fueron conservados. La rentabilidad neta fue del 9,42%, que en este caso fue sensiblemente inferior al 12,21% que se habría obtenido en caso de reajustar las ponderaciones de forma equitativa (ver apartado 6.2.5).

La cartera 10 Valores Menos Volátiles sin acciones financieras en 2014	
Compras al inicio del año	5.602,09€
Comisiones sobre compras (descontadas en la cantidad invertida)	14,01€
Ventas al final del año	4.075,92 €
Comisiones sobre ventas	10,19 €
Impuestos sobre dividendos	122,58 €
Plusvalías realizadas	-489,78 €
Resultado fiscal (plusvalías realizadas - imptos. s/dividendos - comisiones)	-636,56 €
Resultado fiscal acumulado	-636,56 €
IRPF sobre resultado fiscal acumulado	0,00 €
Rentabilidad neta en euros	1.477,61 €
Rentabilidad neta en %	9,42%
Disponible para invertir (Ventas + dividendos netos - comisiones s/ventas)	4.588,30 €

6.3.6. Rentabilidad neta en 2015

Los valores entrantes al final de 2014 fueron Iberdrola, Repsol y Ferrovial, entre los que se distribuyeron los 4.588,30 € disponibles. Al final de 2015 se vendió Telefónica (con una minusvalía de casi el 50% desde que fue adquirida en diciembre de 2009), Repsol e Inditex.

VALOR	31-12-2014	31-12-2015			
		capital	div. brutos	div netos	plusv. realizadas
IBERDROLA	1.525,62 €	1.784,43 €	38,96 €	31,56 €	
TELEFÓNICA	609,13 €	522,77 €	45,84 €	37,13 €	-474,73 €
REPSOL	1.525,62 €	992,88 €	93,21 €	75,50 €	-532,74 €
ENAGAS	1.693,65 €	1.681,36 €	84,59 €	68,51 €	
GAS NATURAL	2.072,88 €	1.874,66 €	90,45 €	73,26 €	
FERROVIAL	1.525,62 €	1.936,04 €	65,18 €	52,80 €	
AMADEUS	1.978,05 €	2.432,36 €	41,84 €	33,89 €	
ABERTIS	1.435,36 €	1.258,89 €	121,78 €	98,64 €	
INDITEX	2.904,52 €	3.882,08 €	63,70 €	51,60 €	2.804,03 €
RED ELECTRICA	1.881,17 €	1.981,38 €	76,88 €	62,27 €	
Total dividendos / plusvalías realizadas			722,43€	585,16€	1.796,56€
Comisiones s/ventas		-13,49€			
Total efectivo		571,67 €			
Valor cartera	17.151,61 €	18.346,85 €			
Capital total	17.151,61 €	18.918,52 €			

El resultado fiscal fue de 1.634,33 €, pero quedaban por compensar 636,56 € de 2014, de modo que el acumulado fue de 997,78 € y el impuesto devengado, de 189,58 €. La rentabilidad neta de la cartera fue del 9,20%. Las ventas netas y los dividendos netos proporcionaron 5.969,40 € para reinvertir.

La cartera 10 Valores Menos Volátiles sin acciones financieras en 2015	
Compras al inicio del año	4.588,30€
Comisiones sobre compras (descontadas en la cantidad invertida)	11,47€
Ventas al final del año	5.397,73 €
Comisiones sobre ventas	13,49 €
Impuestos sobre dividendos	137,26 €
Plusvalías realizadas	1.796,56 €
Resultado fiscal (plusvalías realizadas - imptos. s/dividendos - comisiones)	1.634,33 €
Resultado fiscal acumulado	997,78 €
IRPF sobre resultado fiscal acumulado	-189,58 €
Rentabilidad neta en euros	1.577,33 €
Rentabilidad neta en %	9,20%
Disponible para invertir (Ventas + dividendos netos - comisiones s/ventas)	5.969,40 €

6.3.7. Rentabilidad neta en 2016

Los 5.969,40 € disponibles se reinvirtieron en Endesa, Grifols y Merlin Properties. Al final de 2016 los valores vendidos fueron Ferrovial, Gas Natural, Grifols y Merlin Properties, que generaron unas minusvalías de 462,16 €.

VALOR	31-12-2015	31-12-2016			
		capital	div. brutos	div netos	plusv. realizadas
IBERDROLA	1.784,43 €	1.697,25 €	76,55 €	62,01 €	
RED ELECTRICA	1.981,38 €	1.841,85 €	82,53 €	66,85 €	
ENAGAS	1.681,36 €	1.560,43 €	87,17 €	70,61 €	
FERROVIAL	1.936,04 €	1.578,55 €	66,76 €	54,08 €	52,93 €
ENDESA	1.984,84 €	2.157,39 €	184,98 €	149,83 €	
ABERTIS	1.258,89 €	1.161,92 €	122,74 €	99,42 €	
AMADEUS	2.432,36 €	2.580,61 €	46,33 €	37,53 €	
GAS NATURAL	1.874,66 €	1.784,01 €	132,48 €	107,31 €	-78,69 €
GRIFOLS	1.984,84 €	1.758,09 €	29,15 €	23,61 €	-226,75 €
MERLIN PROPERTIES	1.984,84 €	1.775,18 €	53,79 €	43,57 €	-209,65 €
Total dividendos / plusvalias realizadas			882,49€	714,82€	-462,16€
Comisiones s/ventas		-17,24€			
Total efectivo		697,58 €			
Valor cartera	18.903,63 €	17.895,28 €			
Capital total	18.903,63 €	18.592,86 €			

Junto con las retenciones fiscales y las comisiones sobre ventas, el resultado fiscal fue negativo en 662 €. La rentabilidad neta de la cartera fue negativa en 310,77 €, un 1,64%.

El capital disponible para reinvertir fue de 7.593,41 €, lo que supuso una rotación del 85% de la cartera

La cartera 10 Valores Menos Volátiles sin acciones financieras en 2016	
Compras al inicio del año	5.969,40€
Comisiones sobre compras (descontadas en la cantidad invertida)	14,92€
Ventas al final del año	6.895,84 €
Comisiones sobre ventas	17,24 €
Impuestos sobre dividendos	167,67 €
Plusvalías realizadas	-462,16 €
Resultado fiscal (plusvalías realizadas - imptos. s/dividendos - comisiones)	-662,00 €
Resultado fiscal acumulado	-662,00 €
IRPF sobre resultado fiscal acumulado	0,00 €
Rentabilidad neta en euros	-310,77 €
Rentabilidad neta en %	-1,64%
Disponible para invertir (Ventas + dividendos netos - comisiones s/ventas)	7.593,41 €

6.3.8. Rentabilidad neta en 2017

Los valores adquiridos al final de 2016 fueron Viscofán, Aena, Acciona y Cellnex. Un año más tarde se procedió a vender Endesa, Abertis, Acciona y Cellnex.

VALOR	31-12-2016	31-12-2017			
		capital	div. brutos	div netos	plusv. realizadas
RED ELECTRICA	1.841,85 €	1.923,05 €	88,26 €	71,49 €	
ENAGAS	1.560,43 €	1.543,62 €	91,70 €	74,28 €	
ENDESA	2.157,39 €	1.913,03 €	142,86 €	115,72 €	-71,81 €
IBERDROLA	1.697,25 €	1.759,91 €	85,00 €	68,85 €	
VISCOFAN	1.893,62 €	2.223,44 €	60,22 €	48,78 €	
AMADEUS	2.580,61 €	3.593,24 €	56,19 €	45,51 €	
ABERTIS	1.161,92 €	1.620,57 €	67,27 €	54,49 €	542,52 €
AENA	1.893,62 €	2.468,35 €	55,94 €	45,31 €	
ACCIONA	1.893,62 €	1.842,44 €	77,85 €	63,06 €	-51,18 €
CELLNEX	1.893,62 €	2.959,65 €	11,96 €	9,69 €	1.066,03 €
Total dividendos / plusvalías realizadas			737,26€	597,18€	1.485,56€
Comisiones s/ventas		-20,84€			
Total efectivo		576,34 €			
Valor cartera	18.573,93 €	21.847,30 €			
Capital total	18.573,93 €	22.423,64 €			

El resultado fiscal fue de 1.305,66 € pero se pudo compensar en parte con el resultado fiscal negativo de 662 € del año anterior, de modo que el importe a gravar fue de de 643,66 €.

La rentabilidad neta de la cartera fue mucho más alta, de 3.727,42 €, porque los valores que no se vendieron (ya que continuaron estando entre los diez menos volátiles del IBEX) generaron elevadas plusvalías.

La cartera 10 Valores Menos Volátiles sin acciones financieras en 2017	
Compras al inicio del año	7.593,41€
Comisiones sobre compras (descontadas en la cantidad invertida)	18,98€
Ventas al final del año	8.335,69 €
Comisiones sobre ventas	20,84 €
Impuestos sobre dividendos	140,08 €
Plusvalías realizadas	1.485,56 €
Resultado fiscal (plusvalías realizadas - imptos. s/dividendos - comisiones)	1.305,66 €
Resultado fiscal acumulado	643,66 €
IRPF sobre resultado fiscal acumulado	-122,30 €
Rentabilidad neta en euros	3.727,42 €
Rentabilidad neta en %	20,07%
Disponible para invertir (Ventas + dividendos netos - comisiones s/ventas)	8.912,02 €

6.3.9. Rentabilidad neta en 2018

Al final de 2018 salieron Repsol, Viscofán, Inditex y Amadeus. Las acciones de Amadeus, que habían sido adquiridas en diciembre de 2011, generaron unas elevadas plusvalías de 2.558,83 €.

VALOR	31-12-2017	31-12-2018			
		capital	div. brutos	div netos	plusv. realizadas
MERLIN PROPERTIES	2.222,45 €	2.122,14 €	90,47 €	73,28 €	
ENAGAS	1.543,62 €	1.526,81 €	96,23 €	77,94 €	
NATURGY	2.222,45 €	2.569,96 €	161,63 €	130,92 €	
REPSOL	2.222,45 €	2.122,94 €	135,10 €	109,43 €	-99,51 €
RED ELECTRICA	1.923,05 €	2.004,25 €	94,44 €	76,49 €	
IBERDROLA	1.759,91 €	1.912,47 €	88,81 €	71,94 €	
VISCOFAN	2.223,44 €	1.944,95 €	68,31 €	55,33 €	51,33 €
INDITEX	2.222,45 €	1.709,87 €	57,38 €	46,48 €	-512,58 €
AMADEUS	3.593,24 €	3.636,88 €	67,85 €	54,96 €	2.558,83 €
AENA	2.468,35 €	1.982,71 €	94,94 €	76,90 €	
Total dividendos / plusvalías realizadas			955,15€	773,67€	1.998,07€
Comisiones s/ventas		-23,54€			
Total efectivo		750,13 €			
Valor cartera	22.401,41 €	21.532,99 €			
Capital total	22.401,41 €	22.283,12 €			

En 2018 el resultado fiscal total (1.770,78 €) fue muy superior a la rentabilidad de la cartera, que fue negativa en 118,29. Además el impuesto devengado de 336,45 € elevó las pérdidas a 454,74 €.

En diciembre de 2018 entraron Endesa, Telefónica, Ferrovial e Inmobiliaria Colonial, que se repartieron los 10.164,77 € disponibles para invertir.

La cartera 10 Valores Menos Volátiles sin acciones financieras en 2018	
Compras al inicio del año	8.912,02€
Comisiones sobre compras (descontadas en la cantidad invertida)	22,28€
Ventas al final del año	9.414,64 €
Comisiones sobre ventas	23,54 €
Impuestos sobre dividendos	181,48 €
Plusvalías realizadas	1.998,07 €
Resultado fiscal (plusvalías realizadas - imptos. s/dividendos - comisiones)	1.770,78 €
Resultado fiscal acumulado	1.770,78 €
IRPF sobre resultado fiscal acumulado	-336,45 €
Rentabilidad neta en euros	-454,74 €
Rentabilidad neta en %	-2,03%
Disponible para invertir (Ventas + dividendos netos - comisiones s/ventas)	10.164,77 €

6.3.10. Resumen del período 2010-2018

El cuadro indica la rentabilidad de la cartera 10 Valores Menos Volátiles sin acciones financieras según los diversos cálculos efectuados. La segunda columna recoge la rentabilidad con dividendos brutos. En la tercera se han restado los impuestos sobre los dividendos y las comisiones que hubieran resultado de reequilibrar la cartera al principio de cada año de modo que cada valor ponderase lo mismo (tal como vimos en el apartado 6.2).

Año	10 Valores Menos Volátiles no financieros			IBEX 35 con dividendos netos
	Cartera teórica		Cartera real después de imptos y comis.	
	con dividendos brutos	con div. netos y comisiones		
2010	-6,02%	-7,08%	-7,14%	-13,80%
2011	-1,14%	-2,45%	-2,37%	-8,79%
2012	25,94%	24,89%	29,97%	1,17%
2013	32,59%	31,47%	32,17%	26,39%
2014	13,22%	12,21%	9,42%	7,56%
2015	8,08%	7,05%	9,20%	-4,27%
2016	-0,80%	-1,89%	-1,64%	1,72%
2017	21,69%	20,71%	20,07%	10,51%
2018	0,94%	-0,12%	-2,03%	-12,17%
2010-2018	9,77%	8,68%	9,31%	0,24%

La cuarta columna resume los resultados expuestos en el presente apartado, en el cual las ponderaciones no han sido reajustadas y se han tenido en cuenta impuestos sobre dividendos y plusvalías, así como comisiones sobre compras y sobre ventas.

Se da la circunstancia de que la rentabilidad media del período (9,31% anual) fue superior a la de la cartera teórica con impuestos únicamente sobre los dividendos (8,68% anual). Esto se debe a que en la cartera real los valores más rentables quedaron sobreponderados, de modo que contribuyeron a elevar el resultado general. En cambio, en el ejemplo teórico se ha supuesto de modo implícito que parte de los valores más rentables se iba vendiendo con objeto de reequilibrar la cartera.

Tercera parte: Bolsa americana, europea e internacional

1. Bolsa de Estados Unidos

1.1. El MSCI USA Minimum Volatility

MSCI (Morgan Stanley Capital International) es una compañía que calcula índices bursátiles desde 1969. En 2004 adquirió la firma Barra y desde entonces se conoce como MSCI Barra.

Su índice más conocido es el MSCI USA, que comprende 625 compañías de capitalización grande y mediana. Representa el 85% de la capitalización total (ajustada por capital flotante) del mercado de Estados Unidos. El MSCI USA sirve de referencia para comparar la evolución de los muchos índices estratégicos que esta compañía elabora, uno de los cuales es el MSCI USA Minimum Volatility.

En agosto de 2022, este índice de baja volatilidad estaba compuesto por 173 de los 628 valores de capitalización grande y mediana del MSCI USA. Es un número menor que en febrero de 2019, cuando fue de 213 sobre un total de 625. Toma como referencia la versión con dividendos netos, de forma que la rentabilidad del índice de mínima volatilidad también es con dividendos netos.

Entre diciembre de 2003 y diciembre de 2022, el índice MSCI USA de baja volatilidad ganó un 9,97% anual, frente al 10,09% anual de la referencia. Si bien el resultado medio ha sido prácticamente el mismo, en la tabla siguiente puede observarse que el MSCI USA Minimum Volatility tuvo rentabilidades bastante mejor repartidas. En 2008 perdió considerablemente menos que el MSCI USA (un 26,20% vs. un 37,57%) y en 2018 logró cerrar en positivo mientras que la referencia perdió un 5,04%.

En agosto de 2022, el valor que más ponderaba lo hacía con un 1,69% y los diez primeros valores acumulaban un peso del 15,4%, menos que los diez primeros valores del MSCI USA, que ponderaban un 19,27%.

Año	MSCI USA		MSCI USA Minimum Volatility	
	% neto	100 $	% neto	100 $
2003		100,00		100,00
2004	10,14%	110,14	13,77%	113,77
2005	5,14%	115,80	5,93%	120,52
2006	14,67%	132,79	14,21%	137,64
2007	5,44%	140,01	3,65%	142,67
2008	-37,57%	87,41	-26,20%	105,29
2009	26,25%	110,36	17,47%	123,68
2010	14,77%	126,65	13,83%	140,79
2011	1,36%	128,38	11,94%	157,60
2012	15,33%	148,06	10,20%	173,67
2013	31,79%	195,12	24,37%	215,99
2014	12,69%	219,89	15,76%	250,04
2015	0,69%	221,40	4,92%	262,34
2016	10,89%	245,51	9,84%	288,15
2017	21,19%	297,54	18,41%	341,20
2018	-5,04%	282,54	0,87%	344,17
2019	30,88%	369,79	27,09%	437,40
2020	20,73%	446,45	5,09%	459,67
2021	26,45%	564,54	20,43%	553,58
2004-2021	10,09%		9,97%	

Si bien el índice fue creado en 2008, las rentabilidades han sido calculadas desde el 31 de mayo de 1988. Desde esa fecha hasta el 31 de agosto de 2022 (un período de 34 años y medio), la rentabilidad media neta del MSCI USA Minimum Volatility fue del 9,85% anual y la de su referencia, del 9,98% anual.

Lo más significativo es que, en dicho período, el primero fue mucho menos volátil que el MSCI USA. Su coeficiente beta fue de 0,73, comparado con el valor base de 1,00 del MSCI USA. Esto viene a decir que fue un 27% menos variable que la referencia. Por tanto, invertir en los valores menos volátiles de la bolsa de Estados Unidos generó, a su vez, menor volatilidad en los resultados anuales, sin por ello haber tenido que sacrificar rentabilidad a largo plazo.

1.2. El S&P 500 Low Volatility Index

Este índice está compuesto por las cien acciones menos volátiles del S&P 500, el índice más seguido de la bolsa estadounidense después del Dow Jones Industrials, pero mucho más representativo que este último, que solo contiene treinta valores.

Tiene la particularidad de que las acciones ponderan según su volatilidad, no según su capitalización como es lo habitual. Al igual que el índice comparable de MSCI, está muy poco concentrado, pues el valor que más pondera solo lo hace con un 1,3%, y los diez valores principales solo suponen un 12% del total.

En el cuadro siguiente se han señalado las rentabilidades con dividendos netos.

Año	S&P 500		S&P 500 Low Volatility	
	% neto	100 $	% neto	100 $
2007		100,00		100,00
2008	-37,45%	62,55	-22,07%	77,93
2009	25,55%	78,53	18,10%	92,04
2010	14,37%	89,82	12,28%	103,34
2011	1,47%	91,14	13,60%	117,39
2012	15,22%	105,01	9,21%	128,20
2013	31,55%	138,14	22,47%	157,01
2014	12,99%	156,08	16,55%	183,00
2015	0,75%	157,25	3,56%	189,51
2016	11,23%	174,91	9,55%	207,61
2017	21,10%	211,82	16,60%	242,07
2018	-4,94%	201,35	-0,46%	240,96
2019	30,70%	263,17	27,27%	306,67
2020	17,75%	309,88	-1,78%	301,21
2021	28,16%	397,15	23,63%	372,38
2008-2021	10,35%		9,85%	

Tal como ocurre con el índice de mínima volatilidad de MSCI, el índice de acciones menos volátiles de S&P muestra, a su vez, menor volatilidad que su referencia. Destaca en particular la diferencia en el año 2008, el peor del período. Mientras que el S&P 500 perdió un 37,45%, el subconjunto de valores menos volátiles perdió un 22,07%.

1.3. El S&P 500 Low Volatility High Dividend Index

Se trata de un índice de doble factor que combina un alto rendimiento por dividendo con una baja volatilidad.

El nombre sugiere que se seleccionan los valores con mayor rendimiento por dividendo de entre aquellos con menor volatilidad. En realidad es más bien al contrario. El índice se construye del modo siguiente: primero se seleccionan los 75 valores del S&P 500 con mayor rendimiento según el dividendo pagado en los últimos doce meses. A continuación, de entre esos 75 valores se seleccionan los 50 con menor desviación típica en los últimos 252 días negociados. De esta forma se eliminan "trampas del dividendo", es decir, acciones que parecen baratas porque tienen un elevado rendimiento pero cuyas elevadas fluctuaciones revelan que pueden encontrarse en dificultades financieras o de otro tipo. Las acciones ponderan según su rendimiento por dividendo, no en función de su capitalización ni de su volatilidad. La ponderación máxima para un valor es del 3%. Ningún sector empresarial puede acumular una ponderación de más del 25%. El índice se actualiza en enero y julio.

Año	S&P 500		S&P 500 Low Volatility High Div.	
	% neto	100 $	% neto	100 $
2007		100,00		100,00
2008	-37,45%	62,55	-25,22%	74,78
2009	25,55%	78,53	39,30%	104,17
2010	14,37%	89,82	17,21%	122,10
2011	1,47%	91,14	14,32%	139,58
2012	15,22%	105,01	5,16%	146,78
2013	31,55%	138,14	19,70%	175,70
2014	12,99%	156,08	18,84%	208,80
2015	0,75%	157,25	4,27%	217,72
2016	11,23%	174,91	21,15%	263,76
2017	21,10%	211,82	10,97%	292,70
2018	-4,94%	201,35	-7,11%	271,89
2019	30,70%	263,17	18,98%	323,49
2020	17,75%	309,88	-11,10%	287,58
2021	28,16%	397,15	23,63%	355,54
2008-2021	10,35%		9,48%	

Entre diciembre de 2007 y diciembre de 2021, este índice de doble factor ganó un 9,48% anual, menos que su referencia (10,35% anual). Tuvo un buen comportamiento entre diciembre de 2007 y 2018, cuando ganó tres puntos anuales más que su referencia (9,52% vs. 6,57% anual). Sin embargo, en 2019 y 2020 lo hizo mucho peor que el S&P 500.

En agosto de 2022, la composición principal del índice no coincidía en absoluto con la del índice de baja volatilidad del apartado 1.2. Una posible razón es que en este caso el criterio principal es el rendimiento por dividendo, mientras que la baja volatilidad es el criterio secundario.

El índice que solo tiene en cuenta la baja volatilidad tuvo mejor comportamiento que este índice de doble factor, tanto a nivel de rentabilidad como de riesgo, de modo que la combinación de altos rendimientos con baja volatilidad no resultó complementaria.

2. Bolsa europea

2.1. El MSCI Europe Minimum Volatility

Este índice contiene los valores menos volátiles del MSCI Europe. El MSCI Europe está compuesto por unos 440 valores de capitalización grande y mediana de quince mercados desarrollados europeos.

En el período 2005-2021, el MSCI Europe ganó un 7,17% anual mientras que el subconjunto de valores menos volátiles obtuvo una rentabilidad del 8,03% anual.

Año	MSCI Europe		MSCI Europe Minimum Volatility	
	% bruto	100€	% bruto	100€
2004		100,00		100,00
2005	26,68%	126,68	23,08%	123,08
2006	20,18%	152,24	24,58%	153,33
2007	3,17%	157,07	-0,60%	152,41
2008	-43,29%	89,07	-34,53%	99,78
2009	32,55%	118,07	21,38%	121,12
2010	11,75%	131,94	9,53%	132,66
2011	-7,51%	122,03	3,84%	137,76
2012	18,09%	144,11	12,80%	155,39
2013	20,51%	173,66	17,24%	182,18
2014	7,40%	186,52	15,83%	211,02
2015	8,78%	202,89	16,07%	244,93
2016	3,22%	209,43	-1,98%	240,08
2017	10,88%	232,21	9,56%	263,03
2018	-10,00%	208,99	-3,41%	254,06
2019	26,88%	265,17	23,82%	314,58
2020	-2,82%	257,69	-3,37%	303,97
2021	25,85%	324,30	22,23%	371,55
2005-2021	7,17%		8,03%	

En agosto de 2022, el MSCI Europe Minimum Volatility estaba compuesto por 153 valores, el 35,6% del total de 429 valores de su referencia. Dicha proporción se ha reducido respecto de febrero de 2019, cuando fue del 41,5%. El país más representado era Suiza (21,1%), seguida del Reino Unido (19,4%), Francia (12,5%), Alemania (10,5%) y Dinamarca (7%). El 29% restante se repartía entre Austria, Bélgica, España, Finlandia, Irlanda, Italia, Holanda, Noruega, Portugal y Suecia.

El MSCI Europe Minimum Volatility ha sido calculado desde el 31 de diciembre de 1998. Entre esa fecha y el 29 de julio de 2022 ha obtenido una rentabilidad con dividendos brutos del 6,82% anual, mientras que su referencia, el MSCI Europe, ha ganado un 4,91% anual. Supone una ventaja de 1,91 puntos anuales.

En ese período, el coeficiente beta del índice de baja volatilidad fue 0,68, tomando como referencia un valor de 1,00 para el MSCI Europe. Por tanto, el MSCI Europe Minimum Volatility fue más rentable a pesar de haber tenido un riesgo muy inferior al del mercado y de estar compuesto por un porcentaje elevado (hasta más de un 40%) de los valores de su índice de referencia.

2.2. El S&P Europe 350 Low Volatility High Dividend Index

Este índice de doble factor de la firma S&P Dow Jones Indices fue lanzado en enero de 2014 pero se ha calculado desde el 31 de enero de 2001. Se actualiza dos veces al año, en enero y en julio.

Está compuesto por 50 valores, que suponen un reducido porcentaje (el 14%) de los aproximadamente 350 componentes del S&P Europe 350, el índice de referencia (que no necesariamente tiene 350 integrantes, por ejemplo en enero de 2019 tenía 361).

Por países, el más representado (en agosto de 2022) era el Reino Unido con doce componentes que acaparaban el 22,7% del índice, seguido de España y Francia, con siete empresas y el 14,5% de la ponderación, y de Alemania, con seis integrantes y el 11,7% de la ponderación.

En agosto de 2022, dos compañías españolas, Repsol e Iberdrola, figuraban entre los diez principales componentes.

A pesar del nombre del índice, en realidad el primer filtro se basa en el rendimiento por dividendo y el segundo, en la volatilidad. El procedimiento de selección se describe a continuación.

Primero se ordenan los 350 valores del S&P Europe 350 en base a su rendimiento por dividendo (calculado como el dividendo pagado en los doce últimos meses dividido por el precio en la fecha de actualización, o sea en enero o en julio). A continuación se seleccionan los 75 valores con mayor rendimiento, con la condición de que no haya más de 15 en cualquiera de los once sectores considerados (financiero, industrial, energía, salud, consumo básico, consumo discrecional, tecnologías de la información, materiales, servicios de comunicación, inmobiliario, servicios públicos) y de los dieciséis países incluidos (los mismos que los del MSCI Europe Minimum Volatility más Luxemburgo). En tercer lugar, se calcula la desviación típica de esos 75 valores a lo largo de los doce meses anteriores a la fecha de actualización. Finalmente, se seleccionan las 50 acciones con menor volatilidad (calculada a partir de la desviación típica, una medida estadística).

El cuadro siguiente recoge las rentabilidades anuales del S&P Europe 350 y del índice de doble factor comentado.

Año	S&P Europe 350		S&P Europe 350 Low Vol. High Yield	
	% neto	100€	% neto	100€
2008		100,00		100,00
2009	30,99%	130,99	48,28%	148,28
2010	10,85%	145,20	8,06%	160,23
2011	-7,25%	134,68	-1,97%	157,07
2012	18,02%	158,94	8,98%	171,18
2013	20,97%	192,27	26,75%	216,97
2014	7,89%	207,44	15,19%	249,93
2015	8,61%	225,31	6,71%	266,70
2016	3,44%	233,06	12,38%	299,72
2017	10,75%	258,11	10,21%	330,32
2018	-9,90%	232,56	-5,37%	312,58
2019	27,24%	295,91	18,09%	369,12
2020	-2,79%	287,65	-15,44%	312,13
2021	26,07%	362,64	19,08%	371,69
2009-2021	9,64%		9,83%	

Al igual que el índice que combina altos rendimientos con baja volatilidad en la bolsa americana, este índice tuvo muy buen comportamiento entre diciembre de 2008 y diciembre de 2018, pues ganó un 10,92% anual, frente al 7,97% anual de su referencia. No disponemos del dato correspondiente a 2008, por lo que no sabemos cómo lo hizo en el año de la crisis financiera.

Sin embargo, entre 2019 y 2021 lo ha hecho sensiblemente peor que su referencia, de tal modo que la rentabilidad media del período 2008-2021 prácticamente ha sido la misma para el S&P Europe 350 Low Volatility High Dividend que para su referencia.

3. Bolsa internacional

3.1. El MSCI World Minimum Volatility

Este índice recoge los valores menos volátiles del MSCI World Index, una de las principales referencias bursátiles para medir la evolución de los mercados mundiales.

El MSCI World cubre en torno al 85% de la capitalización de cada país (Australia, Austria, Bélgica, Canadá, Dinamarca, Finlandia, Francia, Alemania, Hong Kong, Irlanda, Israel, Italia, Japón, Holanda, Nueva Zelanda, Noruega, Portugal, Singapur, España, Suecia, Suiza, el Reino Unido y los Estados Unidos). En agosto de 2022, contenía 1.516 valores de capitalización grande y mediana de 23 mercados desarrollados.

En agosto de 2022, el MSCI World Minimum Volatility estaba compuesto por 286 valores, el 18,8% del total de componentes de su referencia. Estaba algo más concentrado que en febrero de 2019, cuando estuvo compuesto por 363 títulos.

Las ponderaciones de los valores están más repartidas que en el MSCI World. En agosto de 2022, la acción con mayor peso ponderaba solo un 1,53%, mientras que el MSCI World lo hacía con un 5,06%. El valor con menor peso solo ponderaba un 0,01%, por lo que en la práctica muchos de los componentes del índice apenas repercuten en la rentabilidad del índice.

La tabla de la página siguiente indica la rentabilidad en euros del MSCI World y la del MSCI World Minimum Volatlity con dividendos brutos entre 2005 y 2021. El primero ganó justo un 10% anual y el segundo, un 9,60% anual.

Se puede observar que en 2008 el índice de baja volatilidad perdió un 20,71%, mucho menos que la referencia (37,24%). Sin embargo, en 2020 y 2021, este índice lo hizo significativamente peor que el mercado.

Año	MSCI World		MSCI World Minimum Volatility	
	% bruto	100€	% bruto	100€
2004		100,00		100,00
2005	26,78%	126,78	22,52%	122,52
2006	7,93%	136,83	15,60%	141,63
2007	-1,18%	135,22	-4,20%	135,68
2008	-37,24%	84,86	-20,71%	107,58
2009	26,72%	107,54	9,51%	117,82
2010	20,14%	129,20	20,08%	141,47
2011	-1,84%	126,82	8,73%	153,82
2012	14,75%	145,53	7,79%	165,81
2013	21,86%	177,34	11,19%	184,36
2014	20,14%	213,05	24,04%	228,68
2015	11,03%	236,55	17,56%	268,84
2016	11,39%	263,50	11,08%	298,62
2017	8,10%	284,84	5,41%	314,78
2018	-3,58%	274,64	1,83%	320,54
2019	30,76%	359,12	26,49%	405,45
2020	6,88%	383,83	-4,60%	386,80
2021	31,64%	505,28	22,92%	475,45
2005-2021	10,00%		9,60%	

El MSCI World Minimum Volatlity se ha recalculado desde el 30 de noviembre 2001. Entre esa fecha y el 31 de agosto de 2022, ha ganado un 7,51% anual en euros, frente al 6,74% anual del MSCI World. El coeficiente beta fue de 0,64, frente al 1,00 del MSCI World. Por tanto, en ese período de casi 21 años, el índice de baja volatilidad ha sido más rentable y ha tenido menor riesgo que su referencia.

3.2. El S&P Global 1200 Low Volatility High Dividend Index

El S&P Global 1200 es un índice de renta variable global que cubre en torno al 70% de la capitalización bursátil mundial. Está compuesto por algunos de los índices más representativos de la firma S&P Dow Jones Indices: el S&P 500 de Estados Unidos, el S&P Europe 350, el Topix 150 de Japón, el TSX 60 de Canadá, el ASX All Australian 50, el S&P Asia 50 y el S&P Latin America 40.

El índice de doble factor S&P Global 1200 Low Volatility High Dividend se elabora de modo similar al descrito para el S&P Europe 350 Low Volatility High Dividend pero se seleccionan cien valores en vez de cincuenta. A pesar de que contiene el doble de títulos que el índice comparable europeo, en realidad está más concentrado ya que solo incluye el 8,3% de los valores de su índice de referencia, el S&P Global 1200. El número máximo de valores por país es de 20, salvo para Estados Unidos, que es de 40, y el número máximo por sector es de 25.

Este índice de doble factor ha sido menos rentable que su referencia entre 2009 y 2021, pues ha ganado un 9,55% anual, frente al 11,85% anual del S&P Global 1200.

Año	S&P Global 1200		S&P Global 1200 Low Vol. High Div.	
	% bruto	100 $	% bruto	100 $
2008		100,00		100,00
2009	31,69%	131,69	42,10%	142,10
2010	11,95%	147,43	12,31%	159,59
2011	-5,08%	139,94	7,87%	172,15
2012	16,82%	163,48	13,40%	195,22
2013	25,84%	205,72	15,31%	225,11
2014	5,40%	216,83	7,37%	241,70
2015	-0,86%	214,96	-2,81%	234,91
2016	8,89%	234,07	8,53%	254,95
2017	23,84%	289,87	17,25%	298,92
2018	-8,17%	266,19	-8,75%	272,77
2019	28,22%	341,31	22,48%	334,09
2020	15,58%	394,49	-7,11%	310,33
2021	21,55%	479,50	15,54%	358,56
2009-2021	11,85%		9,55%	

En 2020 lo hizo significativamente peor que el mercado, al perder un 7,11%, frente a la ganancia del 15,58% de la referencia. Este mal resultado puede deberse al notable peso que han tenido el sector financiero e inmobiliario. Por ejemplo, en febrero de 2019, tal como se indicó en la primera edición de esta monografía, los tres valores que más ponderaban en el índice pertenecían al sector financiero, mientras que el inmobiliario tenía otros tres representantes entre los diez principales componentes. Además, dos títulos de los diez primeros pertenecían a otro sector marcadamente cíclico, el petrolero. En agosto de 2022, el sector financiero seguía contando con tres representantes entre los diez primeros valores del índice.

4. Fondos de inversión indexados a la baja volatilidad

4.1. Los fondos cotizados

Es posible invertir en algunos de los índices de baja volatilidad comentados en el capítulo anterior a través de fondos de inversión cotizados.

Los fondos cotizados o ETFs (siglas de *Exchange-Traded Funds*) son fondos de inversión que cotizan en bolsa. En muchos aspectos son asimilables a las acciones ordinarias: pueden comprarse a partir de una sola participación, tienen las mismas comisiones de intermediación que las acciones y su cotización fluctúa a lo largo de la sesión bursátil. Esto último implica, por ejemplo, que si compramos un día que nuestro índice seleccionado cae un 2%, nos beneficiaremos de ese "descuento", mientras que si compramos un fondo tradicional se nos aplicará el valor liquidativo al cierre del día anterior.

Al invertir a través de un fondo cotizado indexado al índice que nos interesa, nuestra rentabilidad será muy similar a la del índice debido a las comisiones de gestión muy bajas que tienen esos productos (alrededor del 0,25% anual), mientras que las comisiones de los fondos tradicionales no suelen bajar del 1% anual y pueden alcanzar un total del 2,45%

Existen dos clases de fondos cotizados: los de réplica directa y los sintéticos. Los de réplica directa son más sencillos de entender, pues invierten directamente en los valores que componen el índice de referencia. Por ejemplo, un fondo de réplica directa referenciado al MSCI Europe Minimum Volatility invierte en todos los valores de ese índice. Su riesgo de contraparte queda limitado al 10% del patrimonio del fondo, que puede estar invertido en productos derivados con objeto de replicar el índice con mayor eficacia.

Los fondos sintéticos o de réplica indirecta, en cambio, no poseen directamente una cartera de valores sino que firman un contrato con una entidad financiera, normalmente un banco de inversión, que es quien posee los valores del índice de referencia y que garantiza al fondo la rentabilidad de dicho índice a cambio de una comisión. Estos productos tienen un riesgo de contraparte significativo ya que en caso de quiebra o insolvencia de la entidad financiera que posee la cartera de valores, los partícipes podrían tener problemas para recuperar su dinero.

Lamentablemente, no existen todavía fondos de baja volatilidad para el mercado español. Por otro lado, el escaso desarrollo del mercado de fondos cotizados en España obliga al inversor residente en España a comprar las participaciones en otro mercado europeo, en particular el alemán y el francés. Esto conlleva mayores comisiones de intermediación, aunque si la idea es invertir a largo plazo ese mayor coste es asumible. Por poner un ejemplo, el broker de un banco español cobra 42 euros fijos por la adquisición de valores y fondos cotizados en el extranjero y alrededor de 10 euros por valores y fondos cotizados en el mercado nacional.

Hasta mediados de 2017 era posible comprar fondos cotizados referenciados a índices americanos en la bolsa española pero las gestoras que los comercializaban decidieron salir del mercado español, con el argumento de que el inversor español prefería operar en otros mercados con mayor volumen de negociación. En realidad, parece que la verdadera razón fue la decisión de la Dirección General de Tributos de España de dar a los fondos cotizados en otros mercados de la Unión Europea la misma ventaja fiscal que tienen los fondos tradicionales domiciliados en España a la hora de diferir las plusvalías en caso de reinversión. Se trata de una anomalía legislativa que se habrá de resolver en el futuro, pues el operador bursátil Bolsas y Mercados Españoles (BME) reclama el mismo tratamiento fiscal para los fondos que actualmente cotizan en la bolsa española.

4.2. Ventajas de los fondos cotizados armonizados

Los fondos (sean tradicionales o cotizados) armonizados son aquellos que cumplen la normativa UCITS (*Undertakings for Collective Investment in Transferable Securities,* acuerdo sobre organismos de inversiones colectivas en valores mobiliarios) de la Unión Europea. Por ello también se conocen como fondos UCITS.

La normativa UCITS es un conjunto de directivas de la Unión Europea que armonizan los requisitos que debe cumplir un fondo de inversión para poder ser distribuido en cualquier país miembro de la Unión Europea. Por este motivo, los fondos que cumplen esta normativa se les conoce como "fondos con pasaporte europeo", fondos armonizados o fondos UCITS. La primera directiva UCITS data de 1985.

Si sumamos las ventajas de los fondos cotizados sobre los tradicionales y las de los fondos armonizados, tendremos el siguiente conjunto de ventajas:

a) Comisiones de gestión muy reducidas

Los fondos cotizados armonizados considerados en esta monografía tienen comisiones de gestión en torno al 0,25% anual. Frente a la comisión máxima del 2,45% anual que puede cobrar un fondo tradicional en renta variable de gestión activa, la diferencia es muy significativa.

b) Evitar la doble imposición sobre dividendos

Los dividendos de los fondos armonizados europeos adquiridos en un país de la Unión Europea no tienen retención en origen, a diferencia de los dividendos procedentes de las acciones, con lo que se evita la doble imposición. Se gravan en España a los tipos impositivos del ahorro: 19% si el total de rendimientos durante el ejercicio ha sido inferior a 6.000 €, 21% para el tramo de 6.000 € a 50.000 €, y 23% a partir de 50.000 €.

c) Diferir los impuestos sobre plusvalías

Actualmente en España se da la curiosa circunstancia de que las plusvalías de los fondos cotizados en el mercado español están sujetas a la base imponible del ahorro, mientras que las plusvalías obtenidas con un fondo armonizado cotizado en un mercado de la Unión Europea que no sea el español, sea cual sea el mercado en que invierte dicho fondo, están exentas si se reinvierten en un fondo domiciliado en España o en otro fondo armonizado que cotice en un mercado europeo distinto del español.

A decir verdad, no se evita la tributación sino que se difiere, aunque se puede diferir indefinidamente siempre que mantengamos nuestra inversión o reinvertamos las plusvalías en otro fondo de las características señaladas. Esto permite capitalizar las plusvalías que de otro modo se irían en impuestos, y aumentar así la rentabilidad a largo plazo.

Cuando los fondos cotizados que ahora solo se pueden comprar fuera de España coticen en el mercado nacional, será más conveniente adquirir las participaciones cotizadas en el mercado español para beneficiarse de las menores comisiones de intermediación.

d) Mayor rentabilidad

Las bajas comisiones de los fondos cotizados, la posibilidad de evitar la doble imposición, el diferimiento fiscal de las plusvalías y la eficacia de dichos fondos a la hora de replicar el índice de referencia, añaden unos dos puntos porcentuales adicionales a nuestra rentabilidad anual (respecto a un fondo tradicional o un fondo no armonizado), lo que tendrá efectos considerables a largo plazo.

Solo con las comisiones de gestión, la ganancia de rentabilidad puede ser de más del 2% anual. Algunos fondos cotizados de los que veremos a continuación tienen gastos anuales totales inferiores al 0,20% anual, lo que supone una diferencia del 2,25% anual respecto a la comisión máxima anual que cobran algunos fondos de renta variable de gestión activa.

e) Mayor consistencia

El hecho de tener un fondo que sigue estrictamente una estrategia de probada validez nos asegura una rentabilidad consistente a lo largo del tiempo. Los fondos de gestión activa, en cambio, pueden tener años muy brillantes pero quedarse muy rezagados en otros debido a errores de análisis de los gestores. En términos generales, su rentabilidad media suele quedar por debajo de la del mercado.

Según un estudio que llevé a cabo sobre los fondos de inversión en renta variable española de 2005 a 2018, de los 42 de esos fondos con al menos 14 años de existencia, solo 8 superaron la rentabilidad del mercado (el Indice General de la Bolsa de Madrid con dividendos). Por otro lado, el mejor de los fondos logró una ventaja inferior al 3% anual, mientras que el peor tuvo una desventaja del 6,53% anual. Es decir, el inversor que opta por fondos de gestión activa se enfrenta a un resultado con clara asimetría negativa en su contra.

f) Protección al inversor

Sin embargo, la mayor ventaja de los fondos armonizados está en la protección que ofrecen al inversor porque el conjunto de directivas de la normativa UCITS pone especial énfasis en este aspecto. La quinta directiva, aprobada en 2016, reforzó la protección a los partícipes de instituciones de inversión colectiva al exigir a los depositarios compensar al fondo en caso de pérdida de los activos custodiados incluso si aquellos han delegado la custodia a otra entidad.

Los fondos UCITS deben presentar al organismo regulador español, la CNMV (Comisión Nacional del Mercado de Valores), una serie de documentos, entre los que están el Reglamento, el Folleto informativo, los últimos informes anual y trimestral y la Memoria en la que explican la forma en que se van a comercializar, documentación que debe ser verificada por la CNMV.

Los fondos UCITS pueden venderse en España libremente por los intermediarios financieros autorizados, mientras que los que no siguen esta normativa se pueden comercializar siempre y cuando hayan sido expresamente autorizados por la CNMV.

4.3. Fondos seleccionados en esta monografía

Por todo lo que hemos visto, los fondos seleccionados en esta monografía cumplen las siguientes características:

* Son armonizados (cumplen la normativa UCITS).
* Son cotizados.
* Cotizan en un mercado de la Unión Europea diferente al español.
* Tienen bajas comisiones de gestión.

Cuando ha sido posible, se han seleccionado fondos cotizados en euros ya que así se evitan los gastos de cambio de divisa. En relación a los índices en dólares, se han calculado las rentabilidades en euros en base a los tipos de cambio del dólar al cierre anual en el mercado europeo. Es posible que las rentabilidades en euros de los fondos analizados se basen en una referencia diferente, por lo que puede haber algunas discrepancias en algunos años, si bien las mismas se anulan entre sí a lo largo del tiempo.

Los fondos a que se hace referencia pertenecen a las siguientes gestoras:

* Amundi Asset Management, la mayor gestora de activos de Europa. Fue creada en 2010 por los bancos franceses Crédit Agricole y Société Générale.

* State Street Global Advisors (SSGA), quinta mayor gestora de activos del mundo. Inventó los ETFs (fondos cotizados) en 1993. Gestiona los fondos SPDR.

* Invesco, gestora de activos fundada en 1935. Está domiciliada en Atlanta, Estados Unidos.

* BlackRock Asset Management, la mayor gestora de activos del mundo. Es propietaria de iShares, que comercializa más de 700 fondos cotizados.

* DWS, filial del Deutsche Bank. Comercializa los fondos cotizados Xtrackers.

4.4. Fondos de baja volatilidad en bolsa de Estados Unidos

4.4.1. Amundi MSCI USA Minimum Volatility Factor - UCITS ETF

Este largo nombre nos indica lo siguiente: la gestora es Amundi, el índice de referencia es el MSCI USA Minimum Volatility (con dividendos netos), que vimos en el apartado 1.1 de esta tercera parte, y se trata de un fondo cotizado (ETF) que cumple la normativa europea UCITS.

Es un fondo de acumulación, es decir, reinvierte los dividendos. Fue lanzado en 2017.

Puede adquirirse en euros en la bolsa de París, concretamente el Euronext París.

Hay que tener en cuenta que no es de réplica directa, es decir, no tiene una cartera de valores. Replica el índice MSCI USA Minimum Volatility a través de instrumentos financieros derivados, lo que conlleva mayor riesgo.

La comisión anual de gestión es del 0,18%.

El fondo está domiciliado en Luxemburgo, El banco depositario es el CACEIS Bank en este país.

En los cuatro años completos desde su lanzamiento, ganó un 14,12% anual, muy cerca de la rentabilidad de su referencia, que fue del 14,37% anual (se ha calculado la rentabilidad de dicha referencia teniendo en cuenta los tipos de cambio del euro contra el dólar al final de cada año).

Año	MSCI USA Minimum Volatility		Amundi MSCI USA Min. Volatility	
	% euros, neto	100€	% en euros	100€
2017		100,00 €		100,00 €
2018	5,28%	105,28 €	4,99%	104,99 €
2019	29,85%	136,70 €	28,77%	135,20 €
2020	-4,30%	130,83 €	-4,83%	128,67 €
2021	30,77%	171,09 €	31,81%	169,59 €
media anual	14,37%		14,12%	

4.4.2. SPDR S&P 500 Low Volatility UCITS ETF

El SPDR S&P 500 Low Volatility UCITS ETF, gestionado por State Street Global Advisors, es un fondo armonizado indexado al S&P 500 Low Volatility Index (que vimos en el apartado 1.2).

Es de réplica directa y tiene unas comisiones del 0,35% anual. Está domiciliado en Irlanda.

Es un fondo de capitalización, es decir no reparte dividendos.

La versión en euros está disponible desde 2014. Las participaciones pueden ser adquiridas en la bolsa alemana (Deutsche Boerse).

Entre 2014 y 2021, la rentabilidad del fondo en euros ha sido del 14,16% anual, muy similar a la del índice de referencia con dividendos netos expresado en euros (14,20% anual).

En este período, el dólar se apreció ante el euro un 2,5% anual, de forma que la rentabilidad anual en euros fue superior en ese porcentaje a la rentabilidad anual en dólares.

Año	S&P 500 Low Volatility		SPDR S&P 500 Low Volatility ETF	
	% euros, neto	100 €	% en euros	100 €
2013		100,00 €		100,00 €
2014	32,34%	132,34 €	34,46%	134,46 €
2015	15,19%	152,45 €	15,02%	154,66 €
2016	12,94%	172,17 €	12,22%	173,55 €
2017	3,56%	178,29 €	2,70%	178,24 €
2018	3,89%	185,23 €	3,21%	183,96 €
2019	30,03%	240,86 €	30,15%	239,43 €
2020	-10,55%	215,44 €	-10,61%	214,02 €
2021	34,24%	289,22 €	34,82%	288,55 €
media anual	14,20%		14,16%	

4.4.3. Invesco S&P 500 High Dividend Low Volatility UCITS ETF

El Invesco S&P 500 High Dividend Low Volatility UCITS ETF. También es un fondo armonizado indexado al S&P 500 Low Volatility High Dividend Index.

La versión en euros fue creada en mayo de 2015 y cotiza en la bolsa de París, concretamente el Euronext París.

Paga dividendos cada trimestre y tiene una comisión de gestión del 0,30% anual.

La rentabilidad en los seis años completos desde su creación ha sido del 8,10% anual. Tal como se ha calculado la rentabilidad media de su referencia (en base a las cotizaciones de cierre del cambio euro-dólar al 30 de diciembre de cada año), el fondo superó a su referencia. Seguramente esto se debe a una disparidad entre el tipo de cambio utilizado por el fondo y el que he usado para calcular la rentabilidad en euros del índice de referencia.

Año	S&P 500 Low Volat. High Dividend		Invesco High Div. Low Volat. ETF	
	% euros, neto	100 €	% en euros	100 €
2015		100,00 €		100,00 €
2016	24,90%	124,90 €	24,60%	124,60 €
2017	-1,44%	123,09 €	-2,10%	121,98 €
2018	-3,05%	119,34 €	-2,33%	119,14 €
2019	21,56%	145,07 €	21,12%	144,30 €
2020	-19,04%	117,45 €	-18,36%	117,81 €
2021	34,24%	157,67 €	35,46%	159,58 €
media anual	7,88%		8,10%	

4.5. Fondos de baja volatilidad en bolsa europea

4.5.1. iShares Edge MSCI Europe Minimum Volatility UCITS ETF

Se trata de un fondo cotizado (EFT) emitido por iSharses que cumple la normativa UCITS y que está indexado al índice MSCI Europe Minimum Volatility que vimos en el apartado 2.1. iShares es un proveedor de fondos cotizados propiedad de la gestora BlackRock Asset Management.

Fue lanzado el 30 de noviembre de 2012. Está domiciliado en Irlanda. La entidad depositaria es State Street Custodial Services (Ireland) Limited.

Es de réplica directa, es decir, tiene una cartera con los valores que componen dicho índice. Los gastos totales (gestión, custodia, registro etc.) suponen el 0,25% anual del patrimonio. Es un fondo de capitalización, es decir, no reparte dividendos a sus partícipes.

Entre 2013 y 2021 el fondo ganó un 8,68% anual mientras que el índice de referencia tuvo una rentabilidad neta del 9,55% anual. En este caso, la rentabilidad de la referencia ha sido calculada por el propio fondo.

Año	MSCI Europe Minimum Volatility		iShares Edge MSCI Europe Min. Volat.	
	% euros, neto	100€	% en euros	100€
2012		100,00 €		100,00 €
2013	16,50%	116,50 €	16,40%	116,40 €
2014	15,20%	134,21 €	15,10%	133,98 €
2015	15,40%	154,88 €	15,30%	154,47 €
2016	-2,60%	150,85 €	-2,50%	150,61 €
2017	9,60%	165,33 €	9,00%	164,17 €
2018	-4,10%	158,55 €	-4,10%	157,44 €
2019	22,90%	194,86 €	23,10%	193,81 €
2020	-4,00%	187,07 €	-3,90%	186,25 €
2021	21,50%	227,29 €	21,60%	226,48 €
media anual	9,55%		8,68%	

4.5.2. Amundi MSCI Europe Minimum Volatility Factor UCITS ETF

Este fondo cotizado de la gestora Amundi fue creado en 2018 pero hay datos calculados desde 2015.

Está domiciliado en Luxemburgo. La entidad depositaria es el CACEIS Bank en este país. La réplica es indirecta, es decir, a través de instrumentos derivados. Es un fondo de acumulación: capitaliza los dividendos en vez de repartirlos. Las comisiones son del 0,23% anual sobre el patrimonio del fondo.

Las participaciones en euros pueden ser adquiridas en el Euronext de París, en la bolsa alemana y en la bolsa italiana. En la bolsa de Londres cotiza la versión en libras esterlinas.

La rentabilidad del fondo entre 2015 y 2021 ha sido prácticamente la misma que la de su referencia con dividendos netos, un 7,71% anual.

Año	MSCI Europe Minimum Volatility		Amundi MSCI Europe Min. Volatility	
	% euros, neto	100€	% en euros	100€
2014		100,00 €		100,00 €
2015	15,42%	115,42 €	15,46%	115,46 €
2016	-2,59%	112,43 €	-2,55%	112,52 €
2017	8,85%	122,38 €	8,90%	122,53 €
2018	-4,10%	117,36 €	-4,06%	117,55 €
2019	22,92%	144,26 €	22,94%	144,52 €
2020	-4,04%	138,43 €	-4,10%	138,60 €
2021	21,50%	168,20 €	21,42%	168,28 €
media anual	7,71%		7,72%	

El lector podrá observar que los datos del MSCI Europe Minimum Volatility no coinciden exactamente con los de la tabla del apartado anterior. En ambos casos, la fuente de los datos es el propio fondo, de modo que cada fondo, a su vez, debe de utilizar una fuente distinta.

4.6. Fondos de baja volatilidad en bolsa internacional

4.6.1. iShares Edge MSCI World Minimum Volatility UCITS ETF

Este fondo está gestionado por BlackRock y domiciliado en Irlanda. Es de réplica directa, de forma que posee la cartera de títulos que componen el índice de referencia (el MSCI World Minimum Volatility). Los costes de gestión son del 0,35% anual.

Es un fondo de capitalización, de forma que no reparte dividendos. La divisa base es el dólar pero las participaciones pueden ser adquiridas en euros en la bolsa alemana.

Año	MSCI World Minimum Volatility		iShares Edge MSCI World Min. Volat.	
	% en euros, bruto	100€	% en euros	100€
2014		100,00 €		100,00 €
2015	17,56%	117,56 €	17,07%	117,07 €
2016	11,08%	130,59 €	10,70%	129,60 €
2017	5,41%	137,65 €	3,11%	133,63 €
2018	1,83%	140,17 €	2,03%	136,34 €
2019	26,49%	177,30 €	26,17%	172,02 €
2020	-4,60%	169,14 €	-6,77%	160,37 €
2021	22,92%	207,91 €	24,26%	199,28 €
media anual	11,02%		10,35%	

Entre 2015 y 2021 obtuvo una rentabilidad del 10,35% anual, mientras que el índice de referencia con dividendos brutos ganó un 11,02% anual.

Existe también una versión con cobertura del riesgo de divisa, de forma que cotiza en euros pero tiene una rentabilidad similar a la del índice de referencia en dólares, salvo que hay que deducir los costes de la cobertura. Se trata del iShares Edge MSCI World Minimum Volatility UCITS ETF EUR Hedged (*Hedged* significa cubierto). Puede adquirirse también en la bolsa alemana y tiene unos costes de gestión del 0,35% anual.

4.6.2. Xtrackers MSCI World Minimum Volatility UCITS ETF

Al igual que el fondo anterior, este fondo emitido por Xtrackers está indexado al MSCI World Minimum Volatility, y aunque su divisa de referencia es el dólar, las participaciones pueden comprarse en euros en la bolsa alemana.

La réplica es de tipo directo. Está domiciliado en Irlanda. El depositario es la sociedad irlandesa State Street Custodial Services, al igual que el fondo de iShares.

En 2017 y 2018 obtuvo resultados muy similares a los del fondo de iShares visto en el apartado anterior, pero en 2015 y 2016 las rentabilidades fueron inferiores, tal vez porque las comisiones fueran más altas de lo que son actualmente (un 0,25% anual en agosto de 2022). Entre 2019 y 2021 los resultados han sido casi idénticos a los del ETF de iShares.

Año	MSCI World Minimum Volatility		Xtrackers MSCI World Min. Volat.	
	% en euros, bruto	100€	% en euros	100€
2014		100,00 €		100,00 €
2015	17,56%	117,56 €	16,20%	116,20 €
2016	11,08%	130,59 €	9,90%	127,70 €
2017	5,41%	137,65 €	3,04%	131,59 €
2018	1,83%	140,17 €	1,99%	134,20 €
2019	26,49%	177,30 €	26,17%	169,33 €
2020	-4,60%	169,14 €	-6,66%	158,05 €
2021	22,92%	207,91 €	24,29%	196,44 €
media anual	11,02%		10,13%	

Sobre el autor

Soy economista independiente, inversor y escritor. Realizo estudios económicos para empresas e instituciones. Doy un curso de dirección financiera en la Universidad de Andorra desde 2006. En 2017 creé las Monografías Invesgrama para tratar temas de bolsa y finanzas. En 2021 lancé Invesgrama Predictor, un servicio para suscriptores que contiene carteras de valores en bolsa española que superan al mercado. En mi blog www.invesgrama.com analizo empresas y estrategias de inversión.

Si quieres hacer cualquier comentario sobre el contenido de esta Monografía, puedes ponerte en contacto conmigo a través de la siguiente dirección:

info@invesgrama.com

Otras obras

- *Un náufrago en la bolsa*, Ediciones Urano, colección Empresa Activa, 2005.
- *La máquina de hacer dinero. Quiénes y cómo crean las crisis económicas* (cómic), Ediciones B, 2011.
- *Invertir low cost: Nueve grandes estrategias de inversión en acciones para pequeños capitales,* Ediciones Urano, colección Empresa Activa, 2014.
- *Juicio al Euro*, 2014. Esta obra puede descargarse gratuitamente desde www.invesgrama.com.
- *El inversor afortunado: Cómo tener suerte en las inversiones,* Ediciones Urano, colección Empresa Activa, 2016.
- *Caos en la Bolsa* (segunda parte de *Un náufrago en la bolsa*), Kindle Amazon, 2015 & Createspace, 2016.

www.ingramcontent.com/pod-product-compliance
Lightning Source LLC
Chambersburg PA
CBHW070233180526
45158CB00001BA/470